CB045239

As utopias
românticas

ELIAS THOMÉ SALIBA

As utopias
românticas

Estação Liberdade

Copyright © Elias Thomé Saliba, 2003

Revisão	Tulio Kawata
Composição	Wildiney Di Masi / Estação Liberdade
Capa	Edilberto Fernando Verza e Pedro Barros
Ilustração de capa	Victor Hugo: *Souvenir d'un burg des Vosges*. Guache s/ papel, 47 x 31 cm, Guernesey, 1857. Col. particular. In: PRÉVOST, Marie-Laure (Org.). *Victor Hugo: L'homme océan*. Paris: Bibliothèque Nationale de France/Seuil, 2002, p. 205.
Editor	Angel Bojadsen

CIP-BRASIL. CATALOGAÇÃO NA FONTE
Sindicato Nacional dos Editores de Livros, RJ

S16u
2.ed.

Saliba, Elias Thomé
 As utopias românticas / Elias Thomé Saliba. – 2. ed. –
São Paulo : Estação Liberdade, 2003.

 Inclui bibliografia
 ISBN 85-7448-077-0

 1. Romantismo – Europa – História. 2. Europa – Vida intelectual – Século XIX. 3. Utopia. I. Título.

03-1013   CDD-940.28
            CDU 94(4) "18"

Todos os direitos reservados à

Editora Estação Liberdade Ltda.
Rua Dona Elisa, 116 – 01155-030 – São Paulo - SP
Tel.: (11) 3661 2881   Fax: (11) 3825 4239
e-mail: editora@estacaoliberdade.com.br
http://www.estacaoliberdade.com.br

*A
Eneida*

Acima da sociedade real, construía-se pouco a pouco uma sociedade imaginária [...] *na qual tudo parecia simples e coordenado, uniforme, eqüitativo e conforme à razão. Perdeu-se o interesse pelo que era, para pensar no que podia ser, e enfim viveu-se pelo espírito nessa cidade ideal que os escritores haviam construído.*

Alexis de Tocqueville,
L'Ancien Régime et la Révolution, livro III, cap. 1, p. 238.

Sumário

Romantismo e utopias: à guisa de introdução 13

1. As imagens do instável 19

2. Imaginação romântica e criação cultural 39

3. Utopias do tempo e da história 55

4. 1848: Esgotamento das utopias românticas? 89

5. As utopias têm futuro? 103

Bibliografia 107

Romantismo e utopias:
à guisa de introdução

As margens do lago de Bienne são mais selvagens e românticas do que as do lago de Genebra, porque nelas os rochedos e os bosques cercam a água mais de perto, mas elas não são menos agradáveis.

Foi Rousseau, neste trecho dos seus *Devaneios de um caminhante solitário,* de 1777, quem introduziu na língua francesa o vocábulo *romântico,* que até então significava "como nos antigos romances", e aproximava-se de tudo aquilo que poderia ser visto como pitoresco, romanesco, fabuloso. Mas *romântico* era visto também como desordenado, confuso, oposto ao disciplinado, ao regrado, ao classificado, enfim, oposto ao rigor do "clássico".

Provavelmente da teimosia de Rousseau, contra o racionalismo dos seus pares do pensamento ilustrado, nasceu a idéia de enquadrar o romantismo como uma revolta — iniciada originalmente na Alemanha — contra a predominância do gosto clássico francês na Europa. As brumas alemãs, representadas por Herder, Novalis, Hoffmann e outros, contra as luzes francesas — metáforas fartamente utilizadas para ressaltar a diferença entre o clássico e o romântico.

Esta oposição clássico/romântico disseminou-se e viu-se transformada em espécie de novo evangelho que atendia a todos que a procuravam, servindo para tudo ou para nada.

A situação a respeito, já de ordinário tão confusa, impacientou um crítico da atualidade que, tentando definir uma "tradição romântica", chegou a recomendar: "Escolha o seu primeiro romântico ou o seu primeiro romantismo e acabará por dizer-nos que espécie de último romântico você próprio é e que espécie de último romântico lhe dói ser."[1]

Como atitude universal, uma sensibilidade constante do comportamento e da mentalidade humanos, "romântico" dificilmente diz algo de incontroverso a respeito de alguma coisa, pois trata-se de rotular um elemento recorrente em quaisquer momentos históricos. Portanto, antes de cair na tentação das escolhas fáceis e arbitrárias, é necessário fincar algumas estacas.

O romantismo — e o remoinho de imaginação utópica por ele desencadeado — é aqui analisado como um movimento sociocultural profundamente enraizado na paisagem histórica européia, entre fins do século XVIII e meados do século XIX.

Movimento sociocultural complexo e de múltiplas faces que não pode ser reduzido, portanto, apenas às formas utópicas de pensamento e de criação. Em contrapartida, contudo, dificilmente se compreende a mentalidade romântica se não se analisa o enorme potencial de energia utópica por ela desencadeado.

A centelha romântica acendeu-se em meio aos anseios provocados pela época da Revolução Francesa, a chama foi avivada pelos inícios da Revolução Industrial, começou a perder o brilho após o fim da aventura napoleônica,

---

1. Harold Bloom, *The Ringers in the Tower: Studies in Romantic Tradition,* 1971, p. 4.

transformando-se, após o fracasso das revoluções de 1848, apenas em cinzas funestas — cinzas cujo cheiro, quem sabe, ainda nos perturba e incomoda. Época, portanto, marcada por mudanças repentinas e bruscas, por expectativas e receios, por tensas esperanças e torturadas frustrações. Não é por coincidência que um dos filósofos mais expressivos dessa época tenha sido Hegel, que fez do movimento, do *vir-a-ser*, o momento apoteótico de descoberta da Verdade e arquitetou, por paradoxal que pareça, uma "lógica do movimento".

A Revolução Francesa, com todos os seus desdobramentos, e a Revolução Industrial, a tomar impulso, ainda que regionalizada, foram vistas como desencadeadoras de forças incontroláveis que impulsionavam a sociedade na direção de um desenlace imprevisto, mas quase inevitável.

Como todas as utopias, mas talvez em maior grau do que todas elas, o romantismo nutriu-se fervorosamente, ao mesmo tempo, da *realidade* e da *possibilidade* de uma mudança radical na história. Todas as suas correntes, ideologias e projetos alimentaram-se — como sonho ou pesadelo, como esperança ou medo — de uma ruptura e de uma quebra sem precedentes com o passado.

A sensibilidade romântica face à sociedade e à história oscilou entre duas atitudes gerais que traduziram, em última análise, um olhar ora de medo, ora de esperança, diante das mudanças que então ocorriam.

A primeira atitude, mais facilmente reconhecível nas classes dominantes e nos grupos ligados à manutenção do poder monárquico, foi mais contemplativa: enveredou por uma busca das autênticas tradições nacionais, imersas num passado remoto e obscuro. Daí o interesse maior pela época medieval, pois nela, supostamente, encontrar-se-iam os traços definidores de um obscuro "espírito nacional"; daí também uma visão bastante mistificadora e ingênua do mundo feudal. Este mergulho no passado era uma espécie de compensação ao espetáculo de quebra de continuidade oferecido pelo tempo presente: uma nostalgia das sociedades pré-capitalistas que ansiava por retomar o fio de uma continuidade orgânica do passado. Se, no campo político, tal atitude se desdobrou, não raro, em posições conservadoras, no campo estético forneceu vias de expressão peculiares, centradas no subjetivismo, no misticismo interiorizante e na busca de liberdade de criação artística.

A segunda atitude, reconhecível de forma difusa num largo espectro social, caracterizou-se por enxergar, na quebra com as estruturas do passado, uma oportunidade para o máximo dispêndio de suas energias utópicas; ansiava pelo futuro, vendo o presente como uma autêntica "primavera dos povos": um tempo no qual, finalmente, poderiam ver realizados os ideais humanos de felicidade, bondade e perfectibilidade. No limite, tal atitude enveredou por uma quase "mística" da revolução que via a realização da história como resultado da vontade *negativa* dos homens: se estes não reconheciam o mundo como resultado de sua criação, seria preciso negá-lo... A própria história foi vista pelos românticos como matéria-prima formada por forças obscuras e incontroláveis, que a humanidade sonhava em domar. Finalmente, não foi por acaso que a história, como conhecimento e como instituição, foi extremamente valorizada, ocupando um espaço enorme no ideário romântico.

Estas duas atitudes gerais, entre as quais oscilou a sensibilidade romântica — uma retrospectiva, outra prospectiva —, não nos serve, contudo, para mapear autores e obras, pois dificilmente encontraremos uma única atitude numa corrente de idéias, num autor ou numa obra. Todas as tentativas de definir o romantismo, identificando-o esquematicamente com a revolução ou com a reação, redundaram em fracasso, por ignorar a rota caprichosa deste imaginário.

A ambigüidade do pensamento romântico caracterizou-se exatamente por combinar ora uma atitude, ora outra, numa busca desenfreada, talvez sem paralelo em outras épocas, para encontrar uma explicação global da realidade, uma explicação *cósmica,* combinando unidade e diversidade, continuidade e transformação. Daí o autêntico canteiro de projetos para uma nova sociedade que foi o período 1815-1848: do nacionalismo ao comunismo, da tecnocracia industrialista à democracia igualitária — todos foram profundamente marcados por este traço romântico, que via todas as coisas despidas de qualquer estabilidade e potencialmente colocadas, sem exceção, no liminar de uma nova época.

Num livro que se pretende uma síntese rápida, como este, dificilmente teríamos a pretensão de esgotar o tema em termos de inventário. Procuramos dar uma idéia compreensiva das utopias românticas, dentro da época na qual elas foram gestadas, evitando o estilo de manuais.

No primeiro capítulo, tentamos mostrar como, a partir das diversas maneiras pelas quais a sensibilidade romântica captou as transformações geradas pelas revoluções burguesas e pelos começos da Revolução Industrial, se formou o ímpeto utópico. No segundo capítulo, apontamos alguns traços da sensibilidade romântica no campo estético, sugerindo relações entre os dilemas da criação cultural e as utopias românticas. No terceiro capítulo, analisamos alguns aspectos das duas vertentes mais definidoras das utopias românticas, o "messianismo" nacional e o associacionismo de Charles Fourier, ressaltando, como núcleo comum, a concepção de tempo e de história. Aqui reconhecemos que, em prejuízo do detalhe em profundidade, fomos obrigados a ser, drasticamente, seletivos.

Terminamos com algumas observações a respeito do significado geral das revoluções de 1848 para o ideário utópico romântico.

Num tema cuja vastidão beira à infinitude, tornam-se quase inevitáveis as referências a autores e obras. Procuramos evitá-las sempre que possível, restringindo-nos aos textos da época. E a alguns autores mais notáveis, indicados na bibliografia final. Por fim, resta notar ao leitor que, sob muitos aspectos, trata-se aqui de *uma interpretação* a respeito do tema.

1
As imagens do instável

Uma vez tomadas pela fome de progresso, as pessoas comuns, que geralmente não têm a menor sensibilidade para o futuro, correm literalmente para ele. Cabeça baixa e olhos fechados, marcham para os quatro cantos do mundo como se o espírito do progresso tivesse braços e pernas. Se por acaso não quebrarem o pescoço, então das duas uma: ou se detêm, ou se voltam. A estas últimas é preciso tratar à maneira de César, que tinha o costume, no auge da batalha, de agarrar covardemente os soldados pela garganta e voltar seus rostos para o inimigo.

Friedrich Schlegel,
Fragmentos do *Athenaeum*, 1798

O imaginário romântico alimentou-se de uma quebra de continuidade da história européia na passagem para o século XIX: a Revolução Francesa e a Revolução Industrial.

Nunca é demais lembrar que a expressão "revolução industrial", primeiramente utilizada na língua francesa e, depois, na inglesa, surgiu por analogia com "revolução francesa" — analogia que, como parte do imaginário da época, já constituía um sintoma claro de que ambas as mudanças engendravam uma sociedade nova.

Poderíamos dizer que o imaginário romântico nasceu como tomada de consciência destes dois processos de ruptura, mas sem determinar o que veio antes ou o que veio depois. A ansiedade e a expectativa geradas pela combinação destas mudanças foram tais que excederam, não raro, as dimensões objetivas das transformações, projetando sobre elas uma força simbólica capaz também de alterar a realidade, delimitando-lhe contornos e procedendo, dialeticamente, a uma nova tomada de consciência dos homens. Fica difícil, se não impossível, definir o que foi mais significativo, se a realidade concreta ou a simbólica.

O impacto destas mudanças alcançou de forma difusa toda a sociedade européia — muito embora, a invenção da sensibilidade romântica tenha sido marcada por traços peculiares na Inglaterra, na França, nos reinos alemães ou na Itália. O próprio ritmo das transformações, tanto nas imagens quanto na realidade, foi desigual e de faces extremamente variadas em cada um destes países; mas, de um ângulo geral, alguns traços comuns podem ser apontados.

A Revolução Francesa, com todos os seus desdobramentos, constituiu-se numa espécie de foco, a partir do qual nasceu a reflexão romântica sobre a realidade. Os eventos iniciais da revolução foram sentidos com profunda expectativa por todos os intelectuais europeus.

Os jovens alemães, Schelling, Hölderlin e Hegel, estudantes no seminário de Tübingen, quando souberam da tomada da Bastilha, plantaram uma árvore, batizando-a, solenemente, de "árvore da liberdade". O prosaico episódio exemplificava como o evento revolucionário implantou-se semelhantemente a uma espécie de sismógrafo na inteligência européia; daí em diante este sismógrafo passaria a registrar abalos periódicos nas doutrinas, atitudes e formas de pensamento.

Hegel saudou a revolução como uma "aurora esplêndida" que, à maneira de um clarão repentino, descobriria, num único lance, a estrutura de um novo mundo; o evento iniciado na França anunciava também, pela primeira vez na história humana, uma autêntica reconciliação do divino e do terrestre. Por isso, a revolução constituiu, para Hegel, o eixo deflagrador de toda a sua reflexão filosófica, pois esta se apoiava numa única condição: *a ruína do mundo existente.*

A caracterização hegeliana da revolução não foi exceção, esboçando mesmo uma caracterização exemplar, típica da reação intelectual mais comum na época. Mesmo aqueles que não nutriram maiores simpatias pelo fato revolucionário, como De Maistre ou Edmund Burke, foram exagerados no seu diagnóstico, reiterando a presença do sismógrafo: o primeiro comparou a revolução a um "anjo exterminador", que girava como um sol em torno do mundo, não deixando respirar a nação senão para atingir as outras; e o segundo interpretou-a como um merecido castigo divino infligido aos pecados humanos, um dano irreparável por várias centenas de anos. Mas foi Chateaubriand quem resumiu, em 1797, o teor exagerado dos diagnósticos, enxergando na revolução uma autêntica "linha divisória dos tempos e, simultaneamente, dos pensamentos, costumes, curiosidades, leis e das próprias línguas" — estabelecendo um *antes* e um *depois,* absolutamente antagônicos e inconciliáveis.

Esta ânsia exagerada, este incêndio de grandes labaredas, na absorção das imagens da revolução, só podiam gerar itinerários equívocos e, não raro, uma superestimação das transformações objetivas, atitude das mais salientes no ideário romântico.

O período napoleônico (1799-1815) acionou novamente o sismógrafo. Os filósofos alemães da geração de Hegel, que haviam plantado a "árvore da liberdade", aprenderam bem rápido que saudar a revolução de longe era bem diferente de sentir os seus efeitos concretos: a ocupação dos reinos alemães pelas tropas napoleônicas mostrou a face real do entusiasmo algo abstrato dos filósofos e poetas alemães pela revolução. Lembre-se da imagem, cantada em prosa e verso, do esbaforido Hegel em 1806, fugindo das tropas napoleônicas que haviam invadido Jena, com o manuscrito da *Fenomenologia do espírito* sob o braço — obra concluída, segundo ele, "ao som dos canhões". Apesar disto, Hegel ainda continuaria a vislumbrar no imperador dos franceses a personificação da razão e da liberdade: "a alma do mundo", um indivíduo que, concentrado num único ponto, montado num único cavalo, atinge todo o mundo e governa-o. Mesmo depois de Waterloo, Hegel e a maioria de sua geração nunca acreditariam na derrota de Napoleão como coisa definitiva. O mesmo não aconteceria com Fichte, outro entusiasta fervoroso da revolução — até com reputação de "jacobino" na juventude —, que, após a invasão dos reinos alemães, denunciaria Napoleão como traidor dos ideais de liberdade e iniciador de uma época histórica de completa iniquidade.

Estas duas atitudes, típicas da mentalidade germânica no período da restauração, traduziram as ambiguidades notáveis da própria realidade alemã na época: quase 250 Estados, as "monarquias de metro quadrado", cada um com as suas próprias leis e impostos, numa fragmentação completa. Em 1836, numa comédia de Buchner, um vigilante criado comunicava ao mestre de cerimônias que um cão acabara de atravessar, de ponta a ponta, o império do rei Peter.

A vitória de Napoleão, interpretada inicialmente por Hegel como a possibilidade de implantação dos princípios revolucionários, teve a sua contrapartida no aprofundamento ainda maior da fragmentação do poder político — na destruição da "unidade nacional" alemã, segundo Fichte. Assim, a vitória dos princípios de liberdade poderia destruir a unidade, ao passo que a imposição da unidade nacional poderia levar à destruição da liberdade. Por menos real que fosse, esta polarização ambígua entre questão nacional e princípios revolucionários ajudou a prolongar a instabilidade nos registros do sismógrafo, especialmente entre os sábios e artistas alemães.

Mme. de Staël, em 1813, caracterizou com rara astúcia esta ambigüidade da *intelligentsia* alemã, lembrando o conhecido epigrama: "os ingleses têm o império dos mares, os franceses o da terra, mas os alemães apenas o do ar". E completava, com um toque ácido de sensaboria calculista:

> a classe dominante (alemã) permanece feudal e a classe intelectual perde-se em sonhos inúteis. A extensão do conhecimento nos tempos modernos serve para enfraquecer o caráter, quando ele não é reforçado pelo hábito dos negócios e o exercício da vontade.

Em todo caso, é um registro marcante e sincero de uma sensibilidade feminina impressionada com a subordinação das universidades, professores e da vida intelectual ao poder político dos príncipes alemães; aquilo que um Schopenhauer encolerizado cognominava de a "típica raça alemã dos intelectuais-amanuenses". Embora prosaica, a caracterização tinha endereço certo: as profundas diferenças filosóficas e a inveja pessoal que Schopenhauer nutria por Hegel, no auge do prestígio deste último, por volta de 1820, na Universidade de Berlim.

Mas, para além do "caso" Schopenhauer, era notável a rarefação cultural que se expressava na subordinação da vida intelectual (por via da universidade e academias) ao Estado e aos príncipes, no dilema dramático de opção social do escritor face aos contornos ideológicos indefinidos e difusos, onde a classe burguesa, em plena ascensão econômica, mas ainda afastada do poder político e da esfera de representação civil, tomava consciência de si numa cultura de dimensões *afirmativas*.

Schopenhauer parecia brincar, mas Hölderlin exprimiu como nenhum outro tal dilema, num poema notável pelo seu desencanto:

Não zombeis do menino que com chicote e espora
Se julga grande e valente no seu cavalo de pau
Pois vós, alemães, sois também
Pobres de ações e ricos de idéias.

Ou virá, como o raio vem das nuvens,
Das idéias a ação? Viverão em breve os livros?
Ó meus caros, levai-me então,
Que eu possa expiar a injúria.

No mesmo cenário geográfico, de ruínas e dispersão, num universo socialmente desmantelado, o desencanto profundo de Hölderlin. Diante dele, o abismo quase intransponível entre o impulso para a ação e o forte desejo de uma vida contemplativa.

Este era o volátil oxigênio mental que a geração de Hölderlin respirava; um espaço onde a *intelligentsia* lutava por afirmar-se, imprimindo à criação cultural uma dimensão *afirmativa*. O seu traço mais característico: a afirmação de um mundo melhor e mais valioso, universalmente obrigatório e legítimo sem restrições, que seria essencialmente diferente do mundo real e da luta cotidiana pela existência. O seu traço distintivo: pressupunha que todo e qualquer indivíduo, a partir de sua interioridade (e sem modificar aquela situação real) poderia, por si mesmo, realizar aquele mundo ideal e valioso. Eis aí um rico manancial para formulação de utopias, fossem elas cerceadoras ou libertadoras, como demonstraria a ulterior história alemã.

Não é ousado apontar que foi este contraste acentuado, entre uma interioridade protegida pelo poder e as insuficiências de um enraizamento na vida exterior, que fermentou o imaginário romântico alemão, pelo menos até as ebulições sociais de 1848. Contraste, em parte, presente no "caminho para dentro", de Novalis, ou na crença, exemplificada em Schiller, ou até no sistema hegeliano — no qual a arte ou a filosofia configuravam *refúgios últimos,* espécies de regiões ainda não atingidas pelas forças da história, que instabilizavam ou acabavam por destruir a unidade viva dos indivíduos.

Deste imaginário de contrastes forjou-se um caminho estético peculiar que deu um colorido todo especial às utopias românticas, especificamente alemãs ou outras, sobre o qual trataremos no capítulo seguinte.

Na França, mais do que em outros países, foi o mundo napoleônico que deflagrou as primeiras imagens da instabilidade. Napoleão Bonaparte transformou-se em motivo alegórico de entusiasmo para os jovens artistas: era visto como o jovem corso batendo-se, qual novo Prometeu, contra as forças cósmicas e as potências obscuras da história, numa luta desigual.

Na realidade, a trajetória de Napoleão parecia, aos olhos dos mais lúcidos, condensar a ruptura social anunciada pela revolução: de um lado, a propriedade herdada, de outro, a "carreira aberta ao talento". O imaginário romântico na França, obviamente, parece ter se alimentado menos da ascensão e mais da queda; menos do sucesso e muito mais do fracasso. A épica napoleônica, que tinha sido obra de homens jovens, a primeira geração do século, foi até substituída pela "geração da cantilena medíocre" da época da restauração bourbônica — ou, para usar a bela imagem de Musset, "a púrpura de César foi transformada numa roupa de Arlequim".

Toda a tensão incoercível de Napoleão em direção ao futuro termina num fracasso exemplar; um fracasso que, segundo os românticos, transcendia a sua própria particularidade biográfica, estava além de suas forças humanas, pois tratava-se de um *fracasso cósmico*.

Talvez, por isto, Waterloo é a cena que mais impressiona aos escritores e artistas franceses: como cenário de fundo ou principal, sob os mais diversos ângulos e pretextos, de forma explícita ou velada, aparece em um número incontável de romances, poemas, contos, epigramas ou ensaios, produzidos nas décadas posteriores a 1815. Victor Hugo descreve Waterloo não como uma batalha, mas como "uma mudança na face do Universo", explicando-a com uma justificativa única: "Napoleão incomodava Deus". Stendhal, em *A cartuxa de Parma,* faz seu "herói" Fabrício experimentar na carne o fracasso de todo heroísmo, antecipando Waterloo. Mas é em Musset que a derrota de Napoleão aparece como uma síntese nevrálgica de uma época de incertezas, autêntico prenúncio gerador de uma "abominável enfermidade moral":

> O século presente, que separa o passado do futuro, sem ser nem um nem o outro e se parecendo com ambos ao mesmo tempo, e no qual, a cada passo dado, não se sabe se marcha sobre uma semente ou sobre uma ruína [...]. Toda a doença do século presente provém de duas causas, o povo que passou por 93 e 1814 traz no coração duas feridas: tudo o que era deixou de ser, tudo o que será não é ainda. Não busqueis fora daí o segredo dos nossos males.

"Tudo o que era deixou de ser, tudo o que será não é ainda." Eis aí, ao que parece, a síndrome do "nenhum lugar", sentido original da palavra *utopia.* Isto Musset escreveu em 1836, no seu *Confissão de um filho do século,* uma autêntica cartilha desta espécie de fracasso cósmico, experimentado

entretanto — muito ao gosto romântico — do ângulo da particularidade biográfica. O resto do livro é o relato, por vezes choramingas, do envolvimento pessoal e das desilusões do autor com suas amantes.

Mal do século? Sem dúvida, mas não uma mera inquietação metafísica ou existencial. O esboroar do Antigo Regime, o traumatismo da revolução, as mesquinharias de uma restauração medíocre, a tibieza ou inexistência de opções sociais duráveis — todos estes eventos foram registrados como abalos pelo sismógrafo francês da primeira geração do século. A princípio, a geração de 1820 da *intelligentsia* francesa identificava seu destino ao de uma aristocracia, posta um tanto à margem do poder, daí certo sentimento neurastênico de inutilidade, de cansaço antecipado, que transpira de certos registros da época. Mas, posteriormente, a maior parte dos artistas e escritores franceses do período, próximos à burguesia, viram-se mais propensos a defender e tematizar sobre um imaginário social, no qual os homens passavam a depender menos dos privilégios herdados e mais dos talentos individuais. A partir daí, o sismógrafo registraria um ritmo normal?

Não, pois a característica mais definidora do imaginário romântico foi exatamente a *permeabilidade ao instável*.

Assim, esta imagem projetada e quase idílica de uma sociedade oferecendo a cada homem a possibilidade de desenvolver-se e, até mesmo, de transformá-la, este entusiasmo pela "carreira aberta ao talento", levado como foi às últimas conseqüências, superestimaram em muito a realidade francesa (e européia) da época.

Além de resíduos da hierarquia do passado, esta sociedade abalada, sobretudo após a confiscada revolução de julho de 1830, começa a mostrar sua verdadeira face: a tirania do dinheiro que, às consciências mais sensíveis, afigurava-se como mais terrível, muito mais bloqueadora e repressiva do que o antigo padrão de nascimento. É o "Enriquecei-vos!" — este conselho cínico de Guizot, que parecia estar por trás desta insidiosa moral argentária e do padrão arrivista da monarquia de julho.

Na realidade, crescia a frustração desta geração de românticos franceses, que olhavam criticamente para a realidade, em decorrência da consumação histórica de uma sociedade que não queriam, com a qual não sonhavam, embora um dos seus esteios estivesse precisamente na consecução da "carreira aberta ao talento": a propriedade.

A propriedade que, no passado, era apenas um entre os muito privilégios existentes, parecia tornar-se o único. Com a progressiva abolição de vários privilégios sociais do Antigo Regime, a desigualdade da riqueza mostrava-se flagrante, uma autêntica chaga encravada no organismo da sociedade.

Os anos de penúria das décadas de 1830 e 1840, especialmente na França, e à maneira dos desdobramentos sociais da Revolução Industrial, só aumentaram a sensação de contrastes profundos. De um lado o crescimento vertiginoso da população francesa (29 milhões em 1816, 36 milhões em 1850), concentrada nas cidades, conduzindo a um estado de mal-estar e de tensão social que explodia em violentos motins urbanos, como os de Paris e Lion na década de 1830; de outro lado, a monarquia burguesa e a política tacanha de Luís Filipe, que governava basicamente por meio das "leis de exceção", para reprimir violentamente as desordens sociais.

A urdidura destes contrastes é mostrada de forma notável nas narrativas e registros de Paris, as chamadas "fisiologias de Paris", que apareceram entre os anos de 1836-1841. Ali sobressaem-se as imagens produzidas pelo caricaturista Honoré Daumier, pródigas em exprimir, de um lado, o cinismo e a complacência do Rei-Pêra (apelido jocoso de Luís

Filipe, na época), associados ao conformismo criminoso de ministros, militares, banqueiros, advogados, juízes, etc., de outro lado, a grande massa popular dos aflitos e indefesos, a geração perdida da sociedade industrial. Um autêntico "mundo às avessas", na feliz expressão de uma das consciências mais torturadas desse período, Fourier: a riqueza, a opulência e o luxo opondo-se ao trabalho, à miséria e à fome.

Diante disto, o que restava? Refugiar-se na idéia de progresso, hipostasiando-o? Ou desviar o olhar do tempo presente, refugiando-se na revolta sem esperança, no culto narcisístico da arte? Ou, ainda, à maneira de Balzac, na análise impiedosa e cínica das novas condições sociais? Ou, finalmente, no caminho, provisoriamente também sublimador, da *construção de utopias*?

Surge talvez daí o impulso às utopias românticas. Este fracasso invencível dos projetos mais conseqüentes de transformação social, inerentes à Revolução Francesa, fracasso vivenciado sob a forma de uma paralisante crise de identidade, foi propício ao engendrar do ingrediente básico das utopias modernas: *o desenraizamento do tempo presente*. Este tempo presente que os românticos franceses, na figura do nosso citado Musset, cognominavam, significativamente, de *anjo do crepúsculo*, personificando-o como "uma figura sentada num saco de cal cheio de ossos, envolvido no manto dos egoístas e tiritando terrivelmente de frio".

Desenraizamento que poderia chegar perto do *outro lado*: ao sonho, ao devaneio ou à loucura... Mas a energia utópica parece que sempre se arriscou em relação ao *outro lado*, sempre se arriscou a perder-se no cadinho da imaginação desenfreada, paradisíaca; parece que, quando se aciona a usina de energia utópica, é inevitável que os homens se percam nos meandros da imaginação.

Sem confundir-se com os mitos paradisíacos, a energia utópica romântica se produz, então, num mesmo movimento, a partir da negação radical do presente e da interrogação quase frenética e compulsória do futuro.

Na França das décadas de 1830 e 1840, os ponteiros do sismógrafo desviam-se lentamente da lembrança do fracasso de Waterloo e começam a registrar as inquietações de um país que vai se convertendo, depois da Inglaterra, numa nação industrial e capitalista.

Como já sugerimos anteriormente, também aqui não se sabe o que foi mais forte, se a realidade ou a imagem destas interrogações do futuro, que marcaram a *intelligentsia* francesa do período. A dificuldade vinha da própria forma como artistas, pensadores e publicistas conseguiam simbolizar, esforçando-se por captar todas as mudanças de uma realidade fugidia e rarefeita, que se alterava num ritmo quase insano... Crise de identidade individual, existencial. Crise de identidade coletiva, social — tudo isto num século que parecia ter perdido sua própria alma.

Não parece haver dúvida que foi este difuso imaginário do instável que levou a campo obras como *Paroles d'un croyant* (1834), de Lammenais, *L'organisation du travail* (1839), de Louis Blanc, *Avertissement au pays* (1841), de Quinet, *Voyage en Icarie* (1842), de Cabet, *O que é a propriedade (1840),* de Proudhon, *Ucronia* (1857), de Charles Renouvier, e, do ponto de vista aqui adotado, os não menos famosos registros de Fourier, *Le nouveau monde industriel et sociétaire* (1829) e, de Michelet, *O povo* (1846).

Obras que bem definiram a verdadeira mutação intelectual pela qual passou a cultura francesa daquele período, dando para entender com alguma clareza aquilo que Michelet tanto insistia em caracterizar como uma "violenta alquimia moral".

* * *

Entre 1836 e 1848, Johann Peter Eckermann, secretário particular de Goethe, registrou, numa espécie de diário, as conversas que manteve com o escritor então nos seus últimos anos de vida. Em agosto de 1830, quando chega a notícia da revolução de julho na França, Eckermann apressa-se em perguntar ao eminente escritor a sua opinião sobre este "grande movimento". Goethe respondeu, rápido: "O vulcão explodiu, tudo está ardendo, não haverá mais negociações..." E Eckermann, espantado: "É terrível, mas não era possível esperar outra coisa, nesta conjuntura, senão a expulsão da família real..." E Goethe, mais espantado ainda: "Não me parece ter entendido bem, caro amigo, não falei disso; falo da discussão científica entre Saint-Hilaire e Cuvier, na última sessão da Academia".

Para Goethe, a discussão no campo da biologia, entre aqueles que acreditavam na permanência dos tipos, como Cuvier, e os que já defendiam a tese da evolução das espécies, como Saint-Hilaire, parecia encarnar de forma mais nítida a autêntica "revolução" da época do que a simples troca de estruturas políticas básicas — a consolidação da burguesia francesa no Estado. O que se passava com Goethe, seu secretário nem ousava imaginar — se mera caduquice no final de uma vida intensa ou uma "indiferença olímpica" pelas coisas humanas.

O certo é que, sobretudo a partir da década de 1820, Goethe enveredou pelas pesquisas científicas no campo da biologia, da ótica e, em certo sentido, da eletricidade (ressalte-se, aqui, que estas divisões do conhecimento sequer existiam). Goethe, Schelling e outros pensadores da sua geração refletiram sobre o que batizaram de "filosofia natural" *(Naturphilosophie),* que buscava retraçar a ação de uma "força vital" (uma espécie de mente universal) atuando na natureza. Diferentemente de Goethe, Schelling chegaria a uma conclusão contra-evolucionista, profundamente desenganada a respeito da natureza, sobretudo quando, partilhando da inquietação romântica, interrogava:

> Será que tudo não anuncia uma decadência da vida? Será que estas montanhas cresceram até serem o que agora são? Toda a Terra é uma enorme ruína, habitada pelos seus animais como por fantasmas, pelos seus homens como por espíritos, e onde muitas forças e tesouros poderosos são guardados, escondidos por poderes invisíveis ou mágicos sortilégios.

Goethe, pelo contrário, parecia transferir, sem escrúpulos, o padrão de mudança e alteração das coisas humanas para as coisas naturais. Até mesmo o título e o conteúdo do seu romance *As afinidades eletivas,* de 1809, tinha muito a ver com certos estudos daquilo que seria a química analítica; aliás, não nos parece estranho que a referida narrativa se articule num jogo, a princípio imprevisível, de polaridades, atrações e repulsões, entre Eduardo e Otília, de um lado, e o Capitão e Carlota, de outro; nem que os notáveis diálogos sejam entremeados de algumas digressões sobre corpos afins, ácidos, álcalis e outros elementos químicos, um tanto bizarros num romance.

Nada a estranhar nas atitudes de um Schelling ou de um Goethe. Schelling com a sua angústia pelo perecível, Goethe até com certa naturalidade — cada um à sua maneira, só faziam por aguçar o sismógrafo, no sentido de captar e acompanhar não apenas a revolução social e seus desdobramentos mas também a avalanche cumulativa de descobertas científicas que, no conjunto, pareciam demonstrar o estado de gênese perpétua e a mutabilidade intrínseca de todas as coisas. Mesmo se nos limitarmos à primeira metade do século XIX, os exemplos são inúmeros: os estudos de geologia de Charles Lyell (1830), de cosmologia de Laplace, e de biologia de Lamarck (e, depois, do próprio Darwin) mostravam que, respectivamente, a terra, o céu e os seres vivos *tinham uma história,* submetiam-se à lei do fluxo e refluxo, da duração e da perecibilidade, da continuidade e da mudança.

Apesar do exagero, poderíamos dizer, por outro lado, que a conversa entre Goethe e o seu secretário foi extremamente sintomática da forte presença da ciência, da técnica e da indústria neste imaginário do instável, um canteiro muito fértil das utopias românticas. O aparente engano de Goethe no diálogo com Eckermann revelava uma forma de mentalidade comum na época: por uma analogia tácita, "revolução" nestas áreas científicas não constituía algo distinto do que ocorria na política e na sociedade. Para os contemporâneos de Goethe ou de Schelling, sociedade e natureza, mundo humano e mundo natural, não constituíam regiões radicalmente separadas, pois tudo parecia fundir-se no cadinho da experiência geral. Tudo se incluía neste redemoinho de mudanças e, neste caso, também a chamada "revolução industrial" ajudava a aprofundar a sensação generalizada de que a vida humana, em sua totalidade e em todos os seus aspectos, despojava-se da estabilidade para colocar-se no limiar de uma nova época.

Já se escreveu muito sobre isso, e parece que foram as próprias mutações no campo industrial, nos novos métodos de trabalho e produção, os responsáveis pela popularização da ciência em níveis jamais alcançados anteriormente. Na medida em que as conseqüências práticas das inovações tornavam-se mais evidentes na vida diária das pessoas, a própria ciência começou a apresentar um aspecto mais público. E não por coincidência, durante esta primeira metade do século, mais precisamente em 1840, utilizou-se, pela primeira vez num sentido contemporâneo, a palavra *cientista.* Isso ocorreu em Glasgow, onde também já havia surgido uma Associação Britânica para o Progresso da Ciência.

A observação dos fenômenos externos com o auxílio da percepção sensorial humana, que havia sido a pedra de toque de uma concepção racionalista e empirista no conhecimento da realidade, passou a ser questionada por descobertas como a dos raios ultravermelhos (Herschel) ou dos ultravioletas (Ritter) e por uma série de desenvolvimentos na área da eletricidade e do magnetismo. Tudo levava a ultrapassar o arcabouço da mera percepção sensorial, formado pelos sentidos e pela observação direta. A própria percepção estética, baseada no princípio clássico da semelhança com a ordem natural, seria literalmente abalada, desencadeando a energia criadora dos artistas em direção ao imaginário — como procuraremos analisar no capítulo seguinte. Em lugar de relações matemáticas ou de elementos separados e, posteriormente, ajustados num modelo estático, começaram a predominar as chamadas "teorias do processo", cujo ponto básico girava em torno da idéia de um *crescimento orgânico,* ou seja (repetindo as palavras de Herder), vital, complexo, totalizante, cósmico...

É certo que as mudanças reais ainda eram de pequeno alcance, sobretudo se as pensarmos em relação à maioria da sociedade. Até as décadas de 1830-40, as modificações substanciais no cenário do trabalho e da produção restringiram-se, praticamente, no campo tecnológico, às estradas de ferro e, no campo produtivo, ao algodão e seus derivados têxteis, sendo que a economia de base industrial estendeu-se por quase a totalidade do mercado europeu. Mas o crescimento vertiginoso da população e sua concentração nas cidades — sintomas e condições da mutação industrial — constituíram talvez a experiência social mais notável e de maior ineditismo entre os anos de 1830 e 1850.

O impacto desconcertante da multidão, concentrada numa forma até então inédita de ocupação vital, também aprofundou a consciência de ruptura com as características mais estáveis da existência rural. Eis por que Wordsworth, como vários poetas de sua geração, mostrava-se saudoso da original e sagrada natureza, e reagia "contra os costumes bárbaros da cidade dissoluta e feia". Que faremos com nossas grandes cidades? O que nossas grandes cidades farão conosco?, lamentavam ainda os ingleses com uma ponta de mal disfarçada nostalgia de uma idílica existência rural.

Esta preocupação em rastrear o fenômeno da explosão urbana constituiu parte importante e até, acentuou as cores mais fortes desta espécie de imaginário da instabilidade.

Também aqui parece inconsistente apontar o que foi mais definidor, se as "forças objetivas" ou as forças das imagens. A partir desta perspectiva, o imaginário romântico poderia ser visto como um conjunto difuso de representações mentais de toda a experiência humana individual ou social, na época indicada. Mas também devemos ressaltar que este imaginário constituía, igualmente, uma dimensão implícita da sociedade européia no início do século XIX.

É certo que a revolução industrial, no seu conjunto, significou uma mudança fundamental na sociedade. Segundo o que escreveu um eminente historiador, a mutação industrial, "em suas fases iniciais, destruiu os antigos estilos de vida dos homens, deixando-os livres para descobrirem ou criarem outros novos, se soubessem ou pudessem; *mas raramente lhes indicou como fazê-lo*".[1]

A possibilidade de ruptura com uma forma de organização já estabelecida, de abandono radical das convenções e comportamentos mais tradicionais, sem entretanto sequer esboçar a *possibilidade de uma outra ordem* a ser construída, ainda que sob uma forma de representação mental, deixou um espaço para a reflexão sobre as possibilidades e impossibilidades de uma cidade utópica.

---

1. E. J. Hobsbawm, *Industry and empire,* 1968, p. 75.

Representação do paraíso ou do inferno, da Idade de Ouro ou da Idade das Trevas. De uma *revolução,* de um quase "retorno ao ponto de partida", como dizia o termo primitivo, foi que nasceu e cresceu a energia da representação utópica, talvez em seu sentido mais moderno. Toda a política, em seu amplo significado, passou a traduzir-se num constante e reiterado apelo ao *ideal*; as representações e as imagens, e as idéias delas advindas, foram consideradas forças incomensuráveis de transformação completa da história e da sociedade.

É impossível não concluir com Heinrich Heine, que registrou de forma notável este ímpeto para a construção de utopias, tão característico de sua época:

Lembrai-vos disso, ó orgulhosos homens de ação. Vós não passais de instrumentos inconscientes dos homens de pensamento que, freqüentemente, no mais modesto silêncio, predeterminaram, de modo preciso, qual a vossa ação. [...] O velho Fontenelle talvez tivesse razão quando dizia: se eu tivesse em minha mão todas as idéias do mundo, evitaria abri-la. De minha parte, penso de modo diferente. Se tivesse em minha mão todas às idéias do mundo, talvez pedisse a vocês para cortá-la de vez; jamais a conservaria fechada por muito tempo. Sou um mau carcereiro de idéias. Por Deus, eu as soltaria. Que se corporifiquem nas formas mais duvidosas, atravessem tempestuosamente todos os países, como um louco cortejo de bacantes, aniquilem nossas mais inocentes flores com suas varas de tirso, irrompam pelos nossos hospitais e expulsem da cama esse velho mundo doente.[2]

---

2. *Prosa política e filosófica de Heinrich Heine,* org. por Otto Maria Carpeaux, 1967, p. 156-7.

Parodiando Heine, diríamos que os homens que viveram os dilemas desta época, os construtores das utopias românticas, foram também, cada um à sua maneira, *maus carcereiros de idéias*.

2

Imaginação romântica e criação cultural

> O que sentimos aqui como beleza
> um dia nos surgirá como verdade.
>
> Schiller,
> *Os Artistas*, 1789

Entre 1836 e 1838, dois burgueses da região de Ferté-sous-Joarre, na França — Dupuis e Cotonet —, dedicaram-se ansiosamente a uma atividade um tanto bizarra: escreveram uma longa carta ao editor da famosa *Revue des Deux Mondes,* tentando explicar suas sucessivas opiniões, ao longo de quase duas décadas, sobre o significado e a definição do romantismo. Primeiro, apresentam várias definições disparatadas, do tipo: "O romantismo consistia em não se barbear e vestir coletes de lapelas largas, muitíssimo engomadas"; ou "aquela mania dos nossos autores de chamar as personagens de melodramas e romances de Carlos Magno, Francisco I ou Henrique IV em vez de Amadis, Oronte ou Saint-Albin". Depois, terminam com uma afirmação cortante: "o romantismo consiste em empregar todos os adjetivos, e só isto."

Mas, pouco convictos de suas conclusões e céticos quanto aos resultados da pesquisa, decidem procurar um sábio "que se gabava de conhecer literatura". Depois de vários diálogos inúteis, o sábio responde:

> O romantismo, meu caro senhor? Não, por certo, não é nem o desprezo pelas unidades, nem a combinação do cômico com o trágico, nem nada no mundo que se possa expressar; em vão tentarão aprisionar a asa da bela borboleta; o pó que a tinge lhes ficará nos dedos. O romantismo é a estrela que plange, é o vento que uiva, é a noite que estremece, a flor que perfuma e o pássaro que voa: é o gesto inesperado, é o êxtase e o langor, o poço sob as palmeiras, é a esperança rubra e os seus mil amores, o anjo e a pérola, a veste alva dos salgueiros; oh, que bela coisa, meu senhor! É o infinito e a estrela, o cálido, o roto, o despertado, e contudo, ao mesmo tempo, o cheio e o redondo, o diametral, o piramidal, o oriental, o nu ao vivo, o comprimido, o cingido, o turbilhonante — oh, que nova ciência, meu senhor![1]

Dupuis e Cotonet existiram apenas na imaginação fertilíssima de Alfred de Musset, que se utilizou de pseudônimos já anteriormente esgrimidos por Stendhal. Mas, em suas cartas, deixaram um dos testemunhos mais instigantes dos dilemas da criação cultural nas primeiras décadas do século XIX. A loquacidade do sábio bacharel, frente à afobação dos seus coetâneos perguntadores, traduzia, contudo, inquietações mais profundas de artistas e filósofos face ao mundo e à sociedade, transformados ou em vias de serem transformados pelas revoluções.

Que instrumentos utilizar para captar tamanha instabilidade? Como fixar e expressar um mundo hostil e disforme, que tinha perdido as suas firmezas e estabilidades?

---

1. Musset, *Œuvres choisies,* Paris, Hatier, 1932, p. 412-8.

Quais os padrões mínimos de verdade num mundo onde os limites entre o possível e o impossível foram decisivamente abalados?

Estas talvez tenham sido as questões mais candentes para as primeiras gerações de artistas e intelectuais do século XIX, cujas sensibilidades registraram, quase como autênticos sismógrafos, as mudanças que tiveram como epicentro a imagem e a realidade das revoluções. Captar o instável e o movediço também exigia uma nova estética, novas formas de sensibilidade aptas a simbolizarem, ainda que difusamente, o ineditismo das mudanças em toda a sua efervescência.

Podemos concordar com autores recentes como Starobinski, o qual afirma que as revoluções não inventam imediatamente a linguagem artística correspondente à nova ordem política e social e, mesmo quando desejam proclamar a decadência do mundo "antigo", utilizam *formas herdadas* de sentimento e de expressão.[2] Assim, romper com a tradição e continuar falando a sua própria língua, com as mesmas nuanças, os mesmos códigos e toques de identificação, significa enredar-se nos meandros do "já visto", e é como fazer um esforço enorme para apenas balbuciar seu tempo, sem exprimi-lo.

À medida que girava o remoinho histórico das mudanças, tornava-se difícil e, não raro, incômodo, apoiar-se em formas de sensibilidade e expressão anteriores, como as da estética clássica, cuja característica mais saliente era a sugestão de semelhança entre a ordem humana e a natureza. "Sugestão" de semelhança e não mera imitação, pois a chamada estética clássica buscava traduzir, sem ornamentos ou afetações, a ordem *racional* ou ideal da natureza. A sociedade, assim como a natureza, seguia um curso de realização claramente discernível nos costumes e na civilização.

---

2. Jean Starobinski, *1789: os emblemas da razão*, 1988, p. 18.

"O fundo é o mesmo em todos os lugares, a cultura é que produz frutos diversos" — na afirmação famosa de Voltaire, apontando para uma tendência uniformista, comparável à ordem na natureza, que visualizava nas próprias vicissitudes da história as manifestações universais do homem racional. Num mundo fragmentado e constantemente modificado pelas revoluções, seria difícil continuar falando peremptoriamente, como Voltaire.

As caracterizações mais comuns desta estética do instável e do cambiante, chamada (às vezes, abusivamente) de estética "romântica", chegaram a defini-la a partir de sua revolta contra o classicismo, especificamente francês, apoiado na sua concepção de modelo único a ser obedecido. Por força de conviver com o instável, na sua multiplicidade e variedade, o sismógrafo romântico passou a romper com um ideal único e universal de beleza e perfeição; e, sobretudo, começou por desacreditar que este ideal tivesse se realizado, uma única vez que fosse, na Antiguidade greco-latina. Num mundo estilhaçado, onde predominavam a variedade e a peculiaridade quase infinitas das características de cada povo, como não romper com o ideal de modelo único e a visão cosmopolita do pensamento ilustrado?

"A Terra é uma estrela entre as estrelas", escreveu Herder, filósofo alemão, talvez o que mais polemizou com o racionalismo ilustrado francês, e o que melhor soube sintetizar o anseio geral de compreensão da variedade através da empatia. Num dos textos mais incisivos da sua obra, a respeito da "filosofia da história", Herder escreveu:

> Como é difícil expressar a qualidade de um ser humano individual, e como é impossível dizer exatamente o que diferencia um indivíduo de outro, sua forma de sentir e viver; quão diferente e individual tudo se torna quando é visto pelos olhos, compreendido pela alma

e sentido pelo coração. Quanta profundidade existe no caráter de um só povo que, independentemente das vezes que seja observado, mesmo assim escapa à palavra que procura descrevê-lo e, ainda com essa palavra para compreendê-lo, raramente é reconhecível ao ponto de ser universalmente compreendido e sentido. Se isto é assim, que será o que acontece quando alguém procura dominar um oceano completo de povos, épocas e culturas, com um golpe de vista, um sentimento, mediante uma só palavra! Palavras, pálido jogo de sombras! Um quadro completo e dinâmico de formas de vida, hábitos, desejos e características do céu e da terra, deve ser acrescentado ou proporcionado de antemão; se queremos sentir um só dos seus atos ou inclinações, ou todos eles juntos, devemos começar por sentir simpatia pela nação.[3]

Eis aí uma primeira intuição de Herder, que lembra um pouco as aflições de Dupuis e Cotonet: a perplexidade inenarrável da linguagem humana face ao cambiante, ao mutável, ao diverso. Os dois ilustres burgueses, quando diziam que "o romantismo consiste em empregar todos os adjetivos", brincavam com a profusão das palavras. Para Herder, contudo, a língua era o mais significativo dos fenômenos culturais, e o idioma aparecia como um autêntico repositório da mentalidade e da herança particular de cada povo. Fruto do esforço coletivo — iniciado na mais remota antiguidade e envolvido em densa obscuridade —, o idioma não seria nunca qualquer coisa consciente e metodicamente classificável, mas sim o resultado da atuação de forças atávicas e primárias, profundamente enraizadas na alma

---

3. J. Herder, *Une autre philosophie de l'histoire*, ed. por Max Rouché, Paris, Aubier-Montaigne, 1964, p. 271-2.

coletiva. Pensar e se expressar na linguagem seria "como nadar em uma correnteza herdada de imagens e palavras que, visto não podermos criá-las, devemos apenas aceitar com confiança"; as palavras, ao relacionarem os sentimentos com as coisas, o presente com o passado, e tornar possível a memória e a imaginação, acabavam por criar a família, a sociedade, a literatura e a história.

Relatividade quase infinita em lugar do absolutismo universalista das Luzes. A ênfase na variedade viria da preocupação de Herder em ressaltar, constantemente, a identidade virtual e orgânica da personalidade humana com o modo de vida no qual ela estaria imersa; e, rompendo com os dualismos dos ilustrados franceses, reiterar a unidade empírica do físico e do mental, do intelecto e da vontade, do sentimento e da imaginação, da linguagem e da ação.

Herder escreveu tudo isso em 1791. Não viveu, portanto, o período das invasões napoleônicas, que exacerbou, na sensibilidade coletiva, o sentimento nacional. Num primeiro momento, no entanto, foi à sua obra que artistas e intelectuais recorreram, na ânsia de explicar a variedade e a peculiaridade então crescentes e até mesmo no sentido de encontrar, esclarecer (ou confundir) esta noção tão vaga quanto nebulosa de "gênio" do povo.

De ampla utilização e com sentidos diversos, a noção de "gênio" (do povo) possuía, em alguns textos da época, pelo menos esta tônica comum, herderiana: cada época e cada povo com sua própria individualidade e sua peculiar forma de expressão, daí a necessidade de compreendê-los intrinsecamente associados à sua história particular, sem julgá-los a partir de princípios absolutos e exteriores. Eis aí também um dos pontos mais polêmicos da tessitura do imaginário romântico: contra a "nação-contrato" dos pensadores iluministas, a "nação-instinto" dos herderianos e do primeiro romantismo... Noção bela e vaga, que irá desdobrar-se, posteriormente e não sem paradoxos, na reflexão de pensadores importantes, de Hegel a Michelet.

Mas definir esta espécie de estética do movimento contínuo, que foi o imaginário romântico (para não falar de quaisquer estéticas), apenas pelo que ela *não foi,* apenas pelo seu confronto com os modelos clássicos, fundados no racionalismo filosófico setecentista, seria ignorar seu traço básico: a ausência de qualquer sistematicidade. Estética dos contrastes e das polarizações, a atitude romântica parece transmitir-se por fios condutores intrincados e enviesados, cujo único traço comum parecia vir exatamente da densa atmosfera de instabilidade e mudanças.

Há, em primeiro lugar, um esforço pertinaz do poeta, do artista e mesmo do filósofo no sentido de voltar-se a si mesmo, de enveredar por uma atitude reiterada de ensimesmamento. Os poetas românticos ingleses, por exemplo, atribuíam às suas experiências pessoais um valor extremamente alto, filtrando-as e traduzindo-as numa linguagem poética que buscava a imediação, a espontaneidade e a plenitude da vida. Lamartine definia poesia como um autêntico "canto interior", enquanto Novalis fazia uma espécie de profecia de sua brevíssima vida na tarefa poética incluída no famoso fragmento "Para dentro vai o misterioso caminho".

Esta tendência pronunciada a uma estética de cunho interiorizante e subjetivista foi tematizada sob os mais variados aspectos, inclusive do ângulo da abordagem psicológica, na modalidade psicanalítica ou outra, utilizando-se, via de regra, de generalizações calcadas, ou no diagnóstico de uma crise de mórbida misantropia, ou sobre um "byronismo" de moda ou de superfície. Deste ângulo, o "grito de solitário" do poeta maldito, devorado por fúrias interiores, foi comparado, no limite, quase que a uma compulsão paranóica, onde já espreitavam o perigo do isolamento absoluto e a prisão num universo estritamente individual. Corre-se aí o risco de, renunciando à compreensão da singularidade da atitude romântica, diluí-la em registros de todas as épocas e lugares. Para além das atitudes de *mal-du-siècle* e dos modismos existenciais daí decorrentes, a subjetividade e o gosto pelo isolamento, entranhados no artista, tinham muito mais a ver com a forte inflexão na história que então ocorria. Num mundo em que a ruptura radical com a tradição estava na ordem do dia, onde todas as expectativas de futuro haviam sido tolhidas, numa sociedade onde a roda da mudança, a cada novo nascer do sol, recomeçava a girar, a criação e a reflexão culturais encaminhavam-se na direção de um espaço tenso, insidioso, inconstante e não tutelado. "Mas ali onde está o perigo, cresce também o que salva", escreveu Hölderlin.

Daí por que, flagrantemente contrária a toda empresa de redução e uniformização, a atitude romântica é vista, antes de tudo, como um gesto espontâneo e autêntico de criação, comprometido apenas com a liberdade que pretende instaurar.

A frustração com os ideais revolucionários e seus desvios posteriores, partilhados tanto por progressistas quanto por conservadores, era também de homens de consciências torturadas, que não conseguiam esconder sua perplexidade diante das guerras, da violência generalizada da época napoleônica, do industrialismo e da crescente alteração da existência rural; perplexidade diante de um mundo que punha e dispunha do homem, sem indicar-lhe qualquer rumo ou uma única direção. Tudo conduzia à crença de que se tratava, enfim, de forças obscuras e incontroláveis que empurravam os homens e a história para veredas inescrutáveis. A experiência da história coetânea foi decisiva para fortificar e incutir tal crença; tudo aquilo contra o qual os homens haviam lutado, desorganizando suas vidas, sacrificando o futuro de toda uma geração, parecia voltar, quase que sob forma de um baile de espectros: os reis absolutistas, a truculência dinástica, a tradição monárquica hereditária — esta última, em muitos casos, travestida nestas falsas roupas modernas: as Constituições. Numa traquinada infernal, tais espectros pareciam dançar um minueto, ainda no estilo setecentista, mas claro que desacompanhado dos fulgores da tradição aristocrática.

"E assim fechei meus olhos a todas as disputas e guerras do mundo e retirei-me para o reino da música, o reino da fé, no qual todas as nossas dúvidas e tristezas se afundam num mar de sons", escreveu Hoffmann, como que respondendo ao desafio de um mundo em estado de permanente e perturbadora ebulição, ou talvez retirando-se dele para imaginar outro melhor. Talvez um dos confrontos mais característicos da índole romântica se expressasse, de um lado, por esta ênfase no cosmos estritamente individual, e, de outro, pela ansiedade em alargar a experiência humana imediata. Tratava-se de mais um aspecto deste imaginário de contrastes que, como o espelho de uma época pontilhada por incertezas, caracterizava todos os elementos do universo, material e imaterial, num quadro de embate e fusão, de rompimento e de dor.

Hegel, no auge de sua carreira, em Berlim, por volta de 1826, aconselhava os homens de sua época a abandonarem o preconceito segundo o qual a *duração*, comparada à *desaparição*, seria qualquer coisa de notavelmente superior — pois, justificava o filósofo, "as imperecíveis montanhas nada têm de superior à rosa que logo se desfolha, na sua vida que se exala...". À maneira da filosofia hegeliana, talvez a mais reveladora do período, também para o imaginário romântico, o elemento visceral do universo era, pois, o fato de *tornar-se* e não o de *ser*, o de interminável ansiedade e não o de quietude e serenidade de espírito.

Para expressar este mundo fraturado, através do filtro da sensibilidade individual, uma das formas preferidas foi o *poema lírico*. Com ele seria possível, talvez, o gesto espontâneo, sublimador e, sobretudo, livre para apreender os sentidos mais insondáveis e sinistros de um mundo em movimento. Não por coincidência, vários poetas, como Shelley ou Byron, nas suas marginálias ou nos próprios poemas, voltaram-se insistentemente para indagar da legitimidade deste "grito de solitário" que é o poema lírico. Shelley escreveu:

> O cultivo da poesia não é desejável senão em épocas nas quais, por excesso de princípios egoístas e de cálculo, a acumulação de materiais da vida externa exceda a capacidade potencial de as assimilar às leis internas da natureza humana. O corpo torna-se, então, demasiado incontrolável por aquilo que o anima.

E Byron, num trecho de *Peregrinações de Childe Harold*:

> Pois o que é a poesia senão criar
> do intenso sentimento, o Bem e o Mal, e almejar
> uma vida externa para além do nosso destino,
> e ser um novo Prometeu de um novo homem,
> dar o Fogo ao Céu e, depois, tarde demais,
> ver o prazer oferecido pago com dor.[4]

As inquietações de Byron eram muito semelhantes às de Shelley: *como filtrar a massa amorfa de registros incongruentes de uma época marcada pelas revoluções?* A forma lírica, assim como a arte do fragmento (talvez mais do que o romance de ficção), constituiu talvez a resposta expressiva mais cabal às inquietações desses artistas; era também o caminho mais rápido para fugir da cópia dos modelos e da "perfeição como um fim em si mesma"; mas constituía,

---
4. Trad. de Antonio Nogueira Santos.

sobretudo, um caminho para o artista libertar-se daquilo que vários autores chamaram de mimese do *espelho* e enveredar pelos caminhos da invenção e da imaginação poéticas. Parecia que toda a responsabilidade criadora se transferira, de maneira inequívoca e absoluta, para as mãos do criador. "Devo criar um Sistema ou ser escravizado pelo de outro Homem. Não hei de Discorrer & Comparar: o meu ofício é de criar" — afirmava Blake, na sua "profissão de fé" de um artista em contato, quase que permanente, com o sinistro e o insondável do mundo. Victor Hugo, num dos seus inúmeros prefácios, pedia encarecidamente que deixassem o artista livre no "grande jardim da poesia, onde nenhum fruto era proibido", e onde tempo e espaço encontravam-se à inteira disposição do artista. E Shelley, ainda mais eloqüente, ao fazer suas as palavras de Tasso: "Apenas Deus e o poeta merecem o nome de criador."

Não raro, repontava aí um mal disfarçado messianismo, a outra face da imagem de isolamento e de convergência para uma atitude de auto-reflexão dos artistas românticos. Numa época marcada por profundas desagregações, pelo conflito e pela hostilidade sociais, o artista via-se, quase compulsoriamente, como portador do "gênio", senhor de um domínio superior, aparentemente livre das peias mundanas e do remoinho das mudanças materiais; encarava a si próprio como um ser imbuído do mais nobre desígnio: era o autêntico deflagrador e irradiador, pelas suas obras, da simpatia e da generosidade, num mundo que ameaçava bani-las por completo do âmbito das relações humanas.

Carlyle, por exemplo, não hesitou em incluir o "homem de letras" entre os seus heróis típicos, caracterizando-o semelhantemente àquele que "vagueia pelo mundo como um ismaelita selvagem", tal qual "uma grande alma vivendo de um modo anômalo, buscando transmitir sua inspiração através de livros impressos e encontrar morada e subsistência no que o mundo se dispusesse a dar-lhe em troca". E, terminava, compungido: "Muitas coisas já haviam sido compradas, vendidas, oferecidas na praça do mercado, mas nunca, até o momento e daquela maneira crua, a sabedoria inspirada de uma alma heróica."[5]

Este último registro de Carlyle é particularmente precioso. O gosto pelo isolamento e pelo ascetismo, o reiterado tom messiânico que emprestava ao artista a imagem do "gênio" e do "criador autônomo" enraizaram-se, contudo, em territórios mais prosaicos e bem menos magnânimos: nas condições concretas de produção e consumo da arte e da literatura, forjadas pelos novos passos que então se ensaiavam nestas áreas, durante as primeiras décadas do século XIX.

O sistema de patrocínio de publicações e mesmo o posterior sistema de assinaturas começavam a ser substituídos, lenta mas seguramente, pelo sistema de publicações em termos comerciais modernos. A própria produção de obras de arte passava a ser encarada como mais um dentre os vários tipos especializados de produção, sujeito às mesmas condições, flutuações e caprichos do mercado. Um momento exemplar desses ensaios de mudanças são as décadas de 1830-1840, quando as relações entre a literatura e a imprensa diária intensificaram-se violentamente, sobretudo com a difusão do folhetim. Com o folhetim, a obra literária passa a ser uma "mercadoria" no verdadeiro sentido do termo; passa a ter seu preço fixado, é produzida de acordo com um certo padrão e é "fornecida" em data previamente combinada.

Para completar o quadro geral de fragmentação, deixa de existir um público claramente definido e delimitado; os autores vêem-se impotentes diante de clivagens sociais ainda

---

5. Thomas Carlyle, *Os heróis,* trad. Antonio Ruas, São Paulo, Melhoramentos, 1963, p. 149 e ss.

mal definidas. Ainda que se dispusessem a seguir a já apontada tendência romântica, "escolher" entre diferentes possibilidades subjetivas colocava o dilema ético mais grave de ter de se pronunciar por uma das diferentes camadas da sociedade.

Em resumo, no círculo ainda difuso de artistas, escritores e filósofos, operava-se sutilmente um distanciamento entre a concepção de um público "ideal" e um público "real". O sintoma mais evidente deste distanciamento podia ser entrevisto nas atitudes, até então inéditas e paradoxais, dos artistas em relação ao "público"; atitudes que transitavam do mais profundo desagrado *com* as "multidões despreparadas", passava pelo desprezo quase aristocrático ao "leitor filistino", para chegar nos apelos finais ao "leitor-padrão", ao "público ideal", essência do que seria o "espírito do povo" — mas, no fundo, talvez uma (inconfessável) *alternativa para o mercado.*

Raymond Williams, a quem seguimos neste passo, localizou aí uma das fontes primárias da moderna concepção de cultura: esta, como verdadeiro "padrão de excelência", transformar-se-ia gradativamente numa espécie de tribunal superior, no qual se estabeleceriam os valores *reais* — geralmente opostos aos valores *artificiais,* forjados no mercado ou por similares formas de agir na sociedade. Nesta concepção de arte e de criação cultural como uma "realidade superior", Williams aponta os desdobramentos negativos: o elitismo cultural, o esvaziamento da arte e da sua função dinâmica na sociedade — estigmas dos quais a nossa cultura contemporânea ainda tenta se libertar. Mas os desdobramentos positivos desta concepção, apontados pelo mesmo autor, são essenciais para se compreender o ímpeto romântico à construção das utopias: a concepção da arte e da cultura como "realidades superiores" acabava também por oferecer uma base imediata para uma visão mais isenta e muito mais crítica do industrialismo e da sociedade que então se forjava.[6]

Surgindo, portanto, de uma atitude insólita de ruína, subseqüente ao fracasso dos projetos mais conseqüentes de transformação social, mas também de uma mudança na concepção de cultura, de arte e dos seus destinos na sociedade que então nascia, a liberdade, esta espécie de vale-tudo no interior da poética e da ficção, acabou por *transformar toda criação cultural, virtualmente, em sinônimo de imaginação*. Coleridge chegou a propor quase como um dístico de sua obra poética, e condicionante básico para a sua compreensão, a *interrupção* da *descrença* ("suspension of disbelief"). Vamos encontrá-la, ainda que de uma forma oblíqua, na já reiterada preferência pelo "fragmento", típica do ambivalente romantismo alemão e largamente disseminada no gênero invulgarmente cultivado no período: o romance de ficção.

Como bem observou Eagleton, para *os* artistas românticos, enfim, *escrever sobre o que não existia* "era mais estimulante e legítimo do que redigir um relato sobre Birmingham ou a circulação do sangue".[7]

Tudo isto, é claro, não deixou de impacientar muitos críticos contemporâneos aos românticos. Gente como Peacock, inimigo declarado deste "gosto libertário de inventar", que escreveu um panfleto, em 1820, em que atacava o "exagero imaginativo" que grassava entre os românticos. Peacock caracterizava o artista dessa época como um "semibárbaro numa comunidade civilizada", um cultor de todos os excessos: excesso de harmonia, de sentimentalidade,

---

6. Raymond Williams, *Cultura e sociedade, 1780-1950*, 1ª parte, São Paulo, Cia. Ed. Nacional, 1969.

7. Terry Eagleton, *Literary theory: an introduction,* Oxford, Basil Blackwell, 1983, p. 18.

de paixão, excessos do patético e do sublime... Ingredientes típicos da obra romântica, que ele estigmatizava, impiedoso:

> harmonia que é a linguagem no leito de Procusto; sentimentalidade que é *o* egoísmo hipócrita sob a máscara de sentimento refinado; paixão que é o tumulto de um espírito fraco e egoísta; patético que é a lamúria de um espírito efeminado; e sublime, que é o inchaço de uma cabeça oca...[8]

Apesar dos exageros evidentes, é importante ler a resposta de Shelley a Peacock, *A defesa da poesia,* de 1821, espécie de breviário do profícuo papel da imaginação na criação poética. Do ponto de vista aqui adotado, em relação às utopias românticas, Shelley estava, talvez, mais afinado com a época do que Peacock: arriscar-se do outro lado do espelho era como procurar a luz no fim do túnel, era vislumbrar nas sombras o semblante de um mundo futuro.

Imaginar uma comunidade ideal, como Xanadu, a cidade maravilhosa referida por Coleridge no início do seu poema *Kubla-Khan,* era a forma mais comum de manifestação não apenas da liberdade criadora, mas de um impulso irresistível em pensar o amanhã. Coleridge conta, no prefácio, como concebeu o poema: quando lia um livro de viagens do século XVII, adormeceu na passagem em que o autor descrevia Xanadu, com seus palácios e jardins imperiais.

Este é o ponto que nos interessa: no ato de criação intelectual, o artista não resistia a uma compulsão infrene de pensar sobre o que não existia, de acionar, ainda que

---

8. Thomas L. Peacock, "As quatro idades da poesia", trad. Alcinda P. Sousa e João Ferreira Duarte, *in Poética romântica inglesa,* Lisboa, Materiais Críticos, 1985, p. 117.

com o risco da perda de energia, seu repositório bíblico de exílios e terras prometidas.

Talvez, no fundo, Stendhal tivesse razão quando, em 1822, vaticinava:

> Escrevemos ao acaso, cada um afirmando o que lhe parece verdadeiro, e cada um desmentindo o vizinho, em momentos diferentes. Vejo igualmente nossos livros como bilhetes de loteria; não têm na verdade nenhum valor. A posteridade, ao olvidar uns e reimprimir outros, vai declarar quais os bilhetes ganhadores.[9]

Afinal, o que era *uma invenção a mais*? Que diferença faria, ainda uma vez, mais um empurrão na roda da fortuna, a história, que parecia não dar mostras suficientes de parar de rodar, ou sequer indicar uma direção de mudança?

Eis aí, portanto, delineado este ímpeto romântico à elaboração utópica, sobre o qual podemos arriscar uma brevíssima conclusão: este potencial imaginativo, esta mimese de invenção, este mergulho de toda criação e reflexão intelectuais num mundo onírico, constituiu o sintoma, quem sabe a condição, deste elemento de fantasia e de sonho, deste ingrediente poderoso de aspiração a uma vida e a um mundo melhores, que — ao lado do ingrediente de crítica e superação da sociedade existente, aliás incorporado à moderna concepção de cultura — forneceu energia e esteve sempre presente em todas as construções utópicas.

---

9. *Pensées et reflexions*, Paris, 1975, p. 74.

3
Utopias do tempo e da história

> Será fácil zombar do autor por ser incapaz de imitar a variedade infinita da vida, repreendê-lo pela penúria dos fatos que inventou e condená-lo pelo arranjo polêmico pelo qual dispôs os mesmos eventos. Mas, se os próprios historiadores da realidade não conseguem por eles mesmos, satisfazer os diversos críticos no que se refere à verossimilhança, como é que eu, apenas um narrador duplamente apócrifo, que não existe mais, e que fala exatamente sobre o que não foi e o que poderia ter sido — poderia satisfazê-los?
>
> Charles Renouvier, *Uchronie; esquisse historique aprocryphe du développement de la civilisation européenne tel qu'il n'a pas été, tel qu'il aurait pu être,1857*

A confiança excessiva na força das idéias, a ansiedade em captar algum traço de regularidade num mundo convulsionado pelas revoluções, poderia conduzir, e conduziu, alguns espíritos a perderem-se nos meandros da subjetividade onírica, correndo depois o risco de verem-se estigmatizados como visionários. Mas este risco não parece constituir parte intrínseca de toda empresa utópica? Em todas as épocas, talvez ainda mais durante a primeira metade do século XIX, este risco talvez tenha sido mesmo decisivo para o imaginário utópico, pois funcionou como uma espécie de *exercício para conceber o transcendente*, um esforço mental para imaginar outras possibilidades, outras saídas — ainda que envoltas numa atmosfera de sonho e alucinação.

Mas nem tudo era sonho diluído ou disperso, ou mero resíduo de uma nova "economia psíquica" por parte dos atores sociais que entravam em cena no novo mundo industrial. Nem se pode atribuir tudo a uma atmosfera psicológica, que apenas reacenderia o estopim polêmico daqueles outros sentidos pejorativos do vocábulo "utopia": "não prático", "inútil", "dispersivo". Lembre-se que uma história "psicológica" das utopias românticas só seria desejável se fôssemos além dela mesma.

A concepção que via a criação artística quase que confundida ou reduzida à imaginação acabou também por forjar, a despeito dela própria, um campo de significações inéditas, uma nova comunidade de linguagem, abrindo caminho para os homens pensarem o futuro a partir de novos dados e soluções não-convencionais. Do gesto espontâneo e livre dos poetas, do seu esforço ingente em *escrever sobre o que não existia* e, por contraste, do seu poético reino das sombras, os pensadores utópicos desentranharam suas auroras brilhantes e seus reinos redentores. Claro que também o inverso era válido, pois a atmosfera mental na qual viviam, tanto poetas quanto pensadores, era virtualmente instigadora da elaboração utópica.

Atmosfera mental que se havia modificado radicalmente. Durante as três primeiras décadas do século XIX, cada um dos países europeus ocidentais passou por um ritmo de transformações sem equivalente nos séculos anteriores. Como já sugerimos, as imagens projetadas pelas transformações reais também exerceram um efeito forte e catalisador, um impacto marcante sobre os conceitos, até então vigentes, de continuidade e de mudança.

As guerras subseqüentes à Revolução Francesa, que acabaram por atingir a maior parte da Europa durante o período napoleônico, transformaram o continente num autêntico mosaico de povos e nações. A geopolítica da uniformidade dos povos, fundamentada na tradição dinástica e no cosmopolitismo das Luzes, estilhaçava-se em face da fragmentação territorial, que exacerbava o sentimento de variedade, de peculiaridade, todos ingredientes fermentadores do ideário nacional. Nos confrontos bélicos entre os Estados absolutistas na época do Antigo Regime atuavam, quase sempre, pequenos exércitos quase profissionais, afastados do restante da população. Nas guerras da revolução e do período napoleônico, a situação se altera: quase poderíamos dizer que muitos países, tendo a França como exemplo, tiveram que organizar "exércitos de massa", com uma escala de participação muito maior de toda a população.

Tudo isto ampliou e generalizou a sensação coletiva das mudanças, acentuando o sentimento quase cotidiano, quase unânime, da presença da história e de suas forças — forças incomensuráveis, mas veladas, nem sempre discerníveis e, não raro, *impostas* aos homens. Chateaubriand, nas suas pungentes *Memórias do além-túmulo,* ao relembrar o episódio da restauração francesa em 1814, utilizou uma expressão insólita, mas bastante expressiva do dilema dos homens dessa época, ao chamá-los de "inválidos do tempo". A idéia de que a história era dirigida por uma espécie de sabedoria oculta, que se utilizava das paixões humanas individuais para traçar destinos coletivos dos povos e das nações, transformou-se em crença quase geral e foi expressa, sob forma de síntese, na *Filosofia da história,* de Hegel — quiçá, a mais representativa da concepção de história e de tempo no romantismo.

A concepção de *progresso,* que anteriormente era colocada como decorrência da realização e da implantação da razão humana na história — concepção peculiar ao pensamento ilustrado —, foi sendo gradativamente perturbada pela idéia de que a racionalidade do progresso se explicava por oposições internas ou forças sociais intrínsecas à própria história. Não mais a civilização produzia história, mas tudo aparentava o contrário: era a história que produzia, ela mesma, de forma nem sempre clara, nem sempre traduzível em termos do presente, uma civilização e uma cultura.

Claro está que tal concepção difusa da história, aí representada como uma espécie de deusa sem rosto, obscura e insondável, não escapou de ser utilizada, nas circunstâncias de regimes e revoluções que se sucederam no período 1815-1848, por intuitos conservadores e, depois, obviamente, por propósitos anti-revolucionários, desdobrados na ideologia política burguesa. Face à ruptura dos fundamentos tradicionais, tanto da sociedade do Antigo Regime quanto das monarquias de direito divino, tal concepção constituiu, sob certas circunstâncias, parte do propósito mais amplo de refrear o avanço de idéias ou práticas revolucionárias, articulando um novo consenso para o emergente quadro social. Mas circunscrever esta concepção aos círculos limitados do conservadorismo irracionalista impede-nos de compreender sua presença constante no âmago das utopias românticas.

As utopias românticas, talvez em maior grau do que as outras construções utópicas, possuíam este caráter intangível que derivou, sem dúvida, do novo compromisso da razão com a mobilidade perpétua da vida, com esta aceleração da história, com o esforço de ordenar um mundo permeado por mudanças rápidas. Neste sentido, as formulações utópicas românticas confundiram-se com o próprio esforço de, simplesmente, entender e tornar inteligível o mundo real e a nascente sociedade industrial; daí a dificuldade de caracterizá-las ou defini-las.

Mas temos aí então, ainda que em traços largos, um primeiro elemento diferenciador das utopias românticas: elas carregaram consigo, quase invariavelmente, uma concepção peculiar de história e de temporalidade. Ao contrário das utopias anteriores, que almejavam um mundo estável, um universo ideal, não raro a-histórico, quase que fora do tempo, as utopias românticas manifestaram um visível caráter dinâmico ou, pelo menos, uma ansiosa e reiterada preocupação em ligar-se, de algum modo, a uma série histórica anterior.

"Muitas vezes, as utopias nada mais são do que verdades prematuras", definia Lamartine, reiterando outra definição de um seu contemporâneo confrade, Victor Hugo, quando este afirmava que "a utopia é a verdade do amanhã". Paradoxalmente, explorando um pouco o jogo lingüístico que o vocábulo carrega consigo, quase que poderíamos chamar as utopias românticas de *ucronias*[1] — o "bom" (ou "nenhum") lugar convertido em "bom" (ou "nenhum") tempo ou, melhor ainda e mais característico do gesto utópico romântico: *com tempo, teremos o bom lugar...* Afinal, quais alternativas restavam para imaginar um mundo futuro com aqueles homens "inválidos do tempo", senão restituí-los a uma irreversível duração?

Para analisar esta ênfase na temporalidade, para nós o traço geral característico da elaboração utópica romântica, é necessário entender como esta "utopia do tempo" desdobrou-se em duas modalidades básicas, que lhe serviram como uma espécie de lastro para interrogar o futuro: as utopias do povoação e as utopias de inspiração social.

---

1. Título, aliás, do extenso livro de Charles Renouvier, publicado em 1857. Para uma análise deste texto, ver Saliba, "Humor romântico e utopias".

Utopias do povo-nação

"A história será a marca do século XIX, ela lhe dará o seu nome da mesma maneira que a filosofia o havia dado ao século XVIII." Assim se expressou Augustin Thierry, no prefácio ao seu *Dez anos de estudos históricos,* em 1834, e seu vaticínio não estava muito longe da verdade. Numa época em que, como já sugerimos, a história já era fortemente vivenciada, tanto como experiência individual quanto coletiva, nada a estranhar que ela passasse a ser experimentada também como *uma forma de conhecimento.*

E uma forma de conhecimento exemplar: não mais a livre e arbitrária evocação do passado para o prazer do espírito e deleite da curiosidade, mas uma investigação indispensável para dar conta do estado presente de todas as coisas. "Tudo assume hoje uma forma de história: polêmica, teatro, romance, poesia", constatava Chateaubriand, com razão, em 1831. A experiência das mudanças aceleradas, pelas quais passava a sociedade, tornara praticamente impossível ignorar a variável temporal; o tempo da história passou a ser visto como virtualmente *aberto,* perpetuamente exposto ao desmentido das circunstâncias que podiam, de forma imprevisível, colocar tudo em questão, modificando a totalidade do quadro existente.

Assim, para entender qualquer fenômeno da realidade vivida, não bastava trilhar os caminhos já conhecidos do saber, tidos como clássicos: revelar a essência interior de tal fenômeno ou a norma que o regia — já que sua essência íntima era imune ao turbilhão das circunstâncias e acidentes. Tudo isto já não bastava e persistir era arriscar-se em veredas caducas; era necessário, segundo esta nova ótica historicizante, decifrar a origem, freqüentemente encoberta, do referido fenômeno; compreender o seu desenvolvimento peculiar, próximo ou remoto, no tempo passado; restituir sua peculiaridade, redimensionando-lhe sua "cor local" e seu sentido temporal. Não mais a recuperação mecanicista do passado como um mero "conjunto de probabilidades", como queria Voltaire, mas uma recuperação compreensiva, humana, com profunda empatia, do passado — que projetasse, como um facho de luz, o sentimento interior dos indivíduos e dos povos em busca de sua própria identidade.

Eis Alexandre Dumas, exaltando talvez a obra mais sequiosamente lida na época, a *História dos girondinos,* de Lamartine, por ter "elevado a história à altura do romance"; eis o historiador Thomas Macaulay, admitindo em 1828 que "um perfeito historiador deve possuir uma imaginação suficientemente poderosa para elaborar uma narração comovente e pitoresca". Parece-nos, assim, que os historiadores também se sentiam absorvidos pelo mesmo clima e pelo mesmo afã dos poetas românticos, de escrever, quase compulsoriamente, *sobre o que não existia*; no limite, muitos chegaram a ver no passado um refúgio poético, um abrigo imaginário para as intempéries do presente.

Claro que por trás desta ótica nostálgica do passado como refúgio quase sagrado escondia-se, não raro, um olhar aristocrático que fazia da tradição um *imperativo* da história — como é possível perceber em teóricos contrarevolucionários como Joseph De Maistre ou Edmund Burke. Mas, por outro lado, esta ótica também envolvia um propósito progressista ou, pelo menos, prospectivo, que ansiava igualmente em recorrer ao passado, mas como um diálogo cruzado entre este e o presente, isto é, como uma autêntica evocação do pretérito.

Também para os liberais doutrinários, historiadores como Guizot, ou mesmo ideólogos dos mais variados matizes, a história aparecia como uma reserva de significados promissores, morais ou ético-políticos, que iriam surgindo gradualmente, como uma revelação. Revelação das aspirações nacionais legítimas, isto é, do direito de uma nação de dispor de si mesma, como um prolongamento da liberdade individual de cidadania. Também aí, é bom que se diga, a revolução era dissolvida nas águas noturnas da história, embora por uma operação mental bem mais sutil. Na obra doutrinária de construção do Estado liberal burguês, a revolução, ainda que frustrada, poderia embalar o sono e o sonho das gerações seguintes: poder-se-ia ainda acreditar na velha cantilena gradualista de que "nunca a república foi tão bela quanto na época da monarquia".

Mas o sonho de recuperação integral do tempo pretérito passava além dos propósitos políticos restauradores da antiga ordem ou desta espécie de prognóstico controlado da história, esta ideologia, que acabou marcando o processo de edificar a nação-contrato dos doutrinadores liberais. Para além disto tudo estava a busca da essência de algo novo, prestes a desabrochar e até a redimir o tempo perdido. Derrubados os fundamentos da sociedade e do Estado do Antigo Regime, sem aparecer ainda os novos fundamentos norteadores, tanto do indivíduo quanto da coletividade, restava num espaço intermediário, indefinido, existindo em potência, mas não realizado: a *nação* e o *povo*. Esta comunidade de homens que partilhavam, primitivamente, uma história e uma cultura; esta totalidade orgânica que, sem abdicar do que a tradição revolucionária chamava *plebiscito de todos os dias,* estava, contudo, além dele. Eis Michelet, que definia, em 1847, sua trajetória intelectual e o seu caminho para recuperar este "fluido misterioso" da história: "nascido do povo, íamos para o povo..."

Mas este caminho não era fácil — e Michelet mais que qualquer outro historiador soube disto — nem se prestava a uma verificação sumária e direta. Para apreender este murmúrio coletivo dos homens do passado, este gênio obscuro do povo, era necessário "fazer falar os silêncios da história, essas terríveis pausas em que ela nada diz e que são justamente os seus acentos mais trágicos".[2]

Difícil resumir como esses homens, hábeis no seu exercício de conceber o transcendente, concebiam a *nação* — este ser dotado de corpo e de alma, de alma mais do que corpo... Presos à cadeia de suas opções passadas, os homens *faziam* a história: individualmente, seguindo os ditames das suas paixões ou impulsos; mas, coletivamente, obedecendo a um poder anônimo irresistível. Ao gosto dos historiadores românticos, eis aí a nação, ligada a esta espécie de "sabedoria oculta" da história, que se expressava nas realizações coletivas através dos tempos; alimentava todas essas realizações, das mais prosaicas às mais grandiosas, das mais visíveis às menos aparentes. Como que para compensar aquele começo do século XIX, povoado por homens "inválidos do tempo", tudo no passado parecia dotado de alma: nações, épocas inteiras, reinos, grupos de pessoas.

O universo do historiador passava por ser uma floresta de símbolos: cada grande personagem, cada país, cada época. tinha seu signo, sua tonalidade, expressão de uma solidariedade orgânica dos seus elementos internos. O homem individual passa a existir em função do grupo, em função da sociedade — realidade coletiva, isto é, menos uma criação voluntária ou pacto político que uma realidade anterior e independente de cada indivíduo concreto, com sua própria lei de desenvolvimento e seus próprios fins.

Que método utilizar para captar tamanha ambivalência, destilada na obra do historiador por este sincretismo idealista? O próprio Michelet dava uma resposta apaixonada e lacônica: "se fui melhor historiador que os outros é porque amei mais do que eles." Thierry argumentava que "em história,

---

2. Michelet, *Journal, 1828-1848*, t. I., Paris, 1959, p. 378.

o melhor gênero de prova, o mais capaz de convencer os espíritos, o que permite o menor grau de desconfiança e deixa menos dúvidas, é a *narração completa*".

Mas, se observarmos esses livros, muito semelhantes ao romance histórico, que arrebatava os leitores da época, é possível notar um procedimento comum. Em lugar do despojado método voltairiano, de mera conjunção de probabilidades amarradas num abstrato preceito moral, a "ressurreição integral do passado", na célebre expressão de Michelet: o método de conservar, de todo o conjunto da documentação compilada, apenas o que parecia corresponder à idéia, ao símbolo que deveria animar seu relato e vivificar sua narrativa.

Gostaríamos de frisar, portanto, que também os historiadores, como os seus coetâneos, ou talvez mais intensamente do que eles, em igual atitude e ímpeto utópicos, também eram "maus carcereiros de idéias" — pois fizeram do ideal primitivo de *nação* o recorte temático básico da historiografia. A historiografia frutificou no canteiro deste imaginário nacional, até mesmo como instituição. A erudição e a pesquisa documental receberam enormes incentivos, decorrentes sobretudo da organização de arquivos nacionais e públicos, de museus e escolas de divulgação da história. A atuação do Estado foi decisiva, sobretudo nos reinos alemães, com suas universidades fortemente organizadas e nas quais, pela primeira vez, a história ganhou autonomia como disciplina. É a época das grandes publicações de documentos referentes às "tradições nacionais", como a *Monumenta Germaniae Historica,* iniciada em 1819; na França também foi grande o incremento na organização de arquivos, a partir da fundação da École de Chartes, em 1821, do Comitê de Trabalhos Históricos, em 1831, e da Comissão de Arquivos, em 1841.

Como um vasto e integrado conglomerado geocultural, a *nação* era vista, sobretudo, como manifestação inconsciente e espontânea do "gênio" ou "espírito popular"; todas as manifestações históricas seriam, assim, portadoras privilegiadas de destinos insondáveis e vastos objetivos.

E era um recorte temático que fornecia, não raro, uma tônica para um discurso apaixonado e grandiloqüente, visto freqüentemente como o traço mais característico da historiografia romântica. Carlyle, em 1837, definia a história como um verdadeiro poema épico e a "Divina Escritura Universal", e, convicto de que a missão do historiador não se resumia à mera escavação documental, escreveu com alvoroço: "Está muito claro na minha mente e não penso em pesquisar mais, mas apenas escrever o que senti, despejando grandes massas de calor para que minha história pareça um incêndio visto à distância." Michelet, por sua vez, enxergava na Revolução Francesa a segunda vinda de Cristo, a segunda revelação, inaugurando a "moderna religião da Justiça" — e, num fragmento célebre do seu livro sobre a revolução, a Bastilha, como símbolo da injustiça, é praticamente "antropomorfizada", sendo sua queda descrita como "um castigo para a sua consciência atormentada".

Esta autêntica idolatria do tempo e da história, ainda que sob uma forma retrospectiva de idealização do passado, constituiu uma resposta utópica às exigências de um mundo onde as fronteiras entre o possível e o impossível estavam definitivamente franqueadas.

Esta atitude utópica foi difusamente registrada não apenas em obras que, a rigor, se preocupavam apenas em descrever a sociedade do futuro, mas também em obras literárias de variados gêneros, sobretudo no romance, que partilhava (até mesmo no plano da construção formal) desta ansiedade comum pela consumação final do tempo. Quando examinamos tais registros, tudo leva a crer que o remoinho dos acontecimentos, desencadeados pelas revoluções do final do século XVIII, tornara os homens obcecados pelo tempo e pela (impossível) "domesticação" dos acontecimentos. É assim, no famoso discurso de Enjolras, em *Os miseráveis*, num fragmento curiosamente intitulado "o horizonte que se avista do alto da barricada":

> Cidadãos, o século XIX é grandioso, mas o século XX será feliz. Então já não haverá nada semelhante à velha história; já não haverá a temer, como hoje, uma conquista, uma invasão, uma usurpação, uma inimizade de nação armada, uma interrupção de civilização dependente de um casamento de reis, um nascimento nas tiranias hereditárias, uma divisão de povos por um congresso, um desmembramento pela queda de uma monarquia, um combate de duas religiões encontrando-se de frente, quais dois bodes sombrios na ponte do infinito; não se terá mais a temer a fome e a exploração, a prostituição por desgraça, a miséria pela falta de trabalho e o cadafalso, a espada, as batalhas e todas as rapinagens do acaso na floresta dos acontecimentos. *Poder-se-ia quase dizer: não haverá mais acontecimentos.* Seremos felizes. O gênero humano cumprirá sua lei, como o globo terrestre cumpre a dele...[3]

Neste discurso envolvente de Enjolras, "o homem que trazia consigo a plenitude da revolução", transparece o desejo de domesticação do tempo histórico: seria o fim da história, doravante despida de sentido, talvez por haver justamente *realizado* este sentido. Temos aí um discurso característico desta idolatria do tempo e da história que se constituiu no traço peculiar mais geral das chamadas utopias românticas.

---

3. Victor Hugo, *Os miseráveis,* 5ª parte, livro I, cap. V.

Perante uma fragmentação social tão dolorosamente vivenciada, experimentada como ruptura universal, como um autêntico esfacelamento cósmico, apenas um desenlace na história, uma consumação radical do tempo-realidade, poderia reconciliar e atualizar os projetos humanos com a ordem social. O fim da história, anunciado pelo carrossel de mudanças que então ocorriam, deveria ser a fraternidade dos homens e dos povos, fundamentada num ideal, muito próximo, de justiça social. O passado reconsiderado em seu âmago, remontado ao mundo medieval, reconstituído em suas fímbrias, deveria restituir os homens à sua autêntica duração; o veículo por excelência desta regeneração pela história, deste desenlace histórico em direção a um estado quase paradisíaco, seria a *nação*.

Mas não a *nação-contrato*, ou a nação produzida no papel, destilada (como dizia Mazzini) no "alambique dos modernos fabricantes de constituições", e sim a nação-povo, esta armação articulada e orgânica, una e indivisível, resultado do esforço ancestral coletivo do povo, de geração a geração. O desenlace da história, a consumação do tempo, seria marcado, assim, pelo advento dos povos, a "primavera dos povos", símbolo do amanhecer de uma era de regeneração humana, de realização completa e quase definitiva da própria justiça social.

A glorificação da Revolução Francesa constituía, como já sugerimos, o ponto de partida destas autênticas profecias nacionalistas; ela fornecia o modelo e o ensinamento da realização coletiva da história, detonando uma nova oportunidade de realização dos ideais, que não poderia mais ser desperdiçada. A revolução preenchia, quase por completo, o campo mesmo da duração humana e da historicidade. Em *Os soldados da revolução*, Michelet procura mostrar, no estilo fervoroso que sempre o caracterizou, que o símbolo autêntico da revolução surgira das "federações fraternais": era a "unidade da pátria e a redenção do mundo". A partir da revolução, assegurava ele, "surge da terra uma raça nova, as crianças nascem com dentes para morder cartuchos, com grandes e infatigáveis pernas para ir do Cairo ao Kremlin, com o dom magnífico de poder marchar, combater sem comer, viver de espírito".[4]

Tanto Michelet quanto Mazzini, cada um a seu modo, acreditavam que a revolução era o novo *verbo social*, o sentimento profundo de generosidade social que havia ecoado por todo o universo; ela anunciava, num futuro que parecia próximo, o advento dos povos — advento que viria necessariamente no futuro, como que para contrastar com o isolamento individualista e a opressão de classes de um obscuro passado. Projetado no futuro e consumado na duração, o advento dos povos e das jovens nações ao reino da justiça social viria a se constituir na fase final do amplo e universal processo de emancipação humana.

O *povo*, afinal, acabava por se constituir na imagem central e verdadeiramente mítica da utopia romântica. O *povo*, entidade coletiva orgânica, além e acima dos antagonismos, escoimado de todos os seus conflitos e, segundo Michelet, de "todas as suas servidões: servidões do camponês, do operário, do industrial, do comerciante, do funcionário, do rico e do burguês". Eis todo o tema da primeira parte deste fascinante livro utópico: *O povo*, de Jules Michelet. Quem era o povo para Michelet? Ele mesmo responde:

> Todos os que suspiram, os que sofrem em silêncio, os que aspiram a uma vida melhor e lutam por consegui-la... são o meu povo, são o povo. Todos virão comigo, os carentes de qualquer poder, os incapazes de fazer algo por si mesmos [...] A cidade os chama não apenas para

---

4. Michelet, *Os soldados da revolução,* trad. Fernando Leal Lisboa, 1904, p. 204.

fazê-los justos e fortes mas santos e divinos, clamando por esta nova vida, única capaz de rejuvenescê-los...

Com efeito, para Michelet, o povo assemelhava-se a uma espécie de terra prometida, ainda mais que já se manifestavam, talvez antecipando a dura prova de 1848, o isolamento e o drama de opção social do escritor diante do mundo fragmentado no qual vivia:

> Ausente das realidades há tanto tempo, exilado num mundo de papel, regressa, minha alma, minha filha, regressa aos teus começos. Volta a sentir a miséria dos homens... E, para isso, será preciso um desprendimento maior [...]. Da mendicidade espiritual: mendiga a tua vida, junto ao pobre. Assim te tornarás homem; serás menos livre, menos escriba, menos aleijado, menos sonhador, menos vaidoso, menos sutil [...]. Força singular da natureza, riqueza da pobreza, saúde do sofrimento! Ela distribuirá com justiça aquilo que falta a cada um de nós. Ao artista nervoso, a força e a verdade: a vida não é uma folha de papel, nem um pensamento oriental, nem uma ligeira neblina onde dança um pensamento...[5]

Aqui, Michelet partilhava, talvez de uma forma mais dolorosa, dos dilemas da criação cultural próprios da época, os quais, como apontamos no segundo capítulo, estimulavam, de uma forma enviesada e dramática, o ímpeto à invenção utópica.

Enigmático ou inacessível, algoz ou vítima, messias ou mártir, eis aí o *povo*, de Michelet e de todos os utópicos românticos: as massas populares, a grande legião dos deserdados, que, após a revolução e os fracassos políticos subseqüentes,

---
5. Michelet, *Journal*, t. I, Paris, 1958, p. 173.

se encontram num estado de "impotência moral", que o próprio Michelet não hesita em diagnosticar com veemência: ausência de solidariedade, quebra profunda de todos os laços de sociabilidade. Michelet nos deu em sua obra um comovente testemunho do que considerava o maior mal de sua época: a ausência de solidariedade social gerando a ignorância mútua, a incompreensão, a desconfiança e o desprezo entre os homens, grupos e classes, que, por sua vez, engendravam a mais arraigada *indigência espiritual*. Nunca até então, na história, lamentava Michelet, foram criadas tantas condições para produzir um ideal comum e, paradoxalmente, nunca o homem esteve tão isolado num sinistro universo de máquinas, grandes fábricas, sinuosas burocracias e enormes exércitos. Para tão grande mal, era necessário igual remédio: era necessário *curar a própria alma humana*, era necessário descer a estas profundidades de calor comunitário e de vida universal. Era necessário recuperar primeiro esta amizade mais tangível — a amizade pessoal para, depois, sublimá-la na mais nobre das amizades: o amor pela pátria, esta "Grande Amizade", única capaz de arrancar-nos do acanhado círculo de nós mesmos, de nosso egoísmo pequeno e mesquinho; esta Grande Amizade, mãe das grandes e pequenas virtudes, inspiradas pelo desejo de altruísmo e sacrifício; esta seria a grande aura nacional, que, na utopia de Michelet, neutralizaria toda desigualdade econômica, social e cultural, tornando os homens partícipes de algo mais rico, variado e eterno. Tudo isto, que era parte constitutiva do *instinto* do povo, apresentava-se ignorado e bloqueado por todas as forças na sociedade: governos, partidos, instituições e classes dominantes:

> Uma base imutável, inalterável, de sociabilidade, dorme nas minhas profundezas. Está totalmente de reserva; sinto-a

em toda parte nas massas, quando desço até elas, quando as escuto e as observo. Por que estranhar que esse instinto de sociabilidade fácil, tão desencorajado nos últimos tempos, tenha se contraído, recuado?... Ludibriado pelos partidos, explorado pelos industriais, posto sob suspeita pelo governo, ele já não se mexe, já não age. Todas as forças da sociedade parecem apontadas contra o instinto social! Unir pedras, desunir homens, é só o que sabem fazer.[6]

Este tom quase messiânico, quase sonhador de Michelet, mas também presente em Giuseppe Mazzini, em Adam Mickiewicz; e em outros inúmeros "teólogos-povo", raramente mentalizava-se num único homem, um herói com a missão redentora ou purificadora. Tratava-se da *nação*, espécie de "messias-plural", que realizaria um ideal coletivo, primitivo, encoberto por forças obscuras e insondáveis na história, acabando por se realizar. Para restituir todo o significado dos projetos utópicos ao longo do tempo era necessária uma periodização, ainda que difusa: até a revolução *o povo teria sido um enigma*, o "espírito" encoberto na história; depois dela, seria a *própria fonte vital da história*.

Esta concepção mística da história, esta idolatria do tempo, este panteísmo romântico da história foram registrados de forma preciosa numa carta, de 1846, do próprio Mazzini a Michelet, onde o primeiro sugeria a Michelet, tido "como um dos precursores da igreja do futuro", que meditasse sobre a seguinte reflexão: "Deus e o Povo, suprimindo todos os intermediários entre a revelação divina e a humanidade."[7]

Eis aí, portanto, um dos pólos de projeção das utopias românticas que, no fundo, constituía mais uma idolatria do tempo e

---

6. Michelet, *Le peuple*, ed. de Paul Viallaneix, Paris, Flammarion, 1974, p. 214.

7. Cit. em J. L. Talmon, *Political Messianism*, p. 238.

da história: a *nação*. Nada a estranhar que, numa época de profunda desagregação coletiva, ela pareça constituir-se no único caminho de regeneração e redenção social. Contra o individualismo desagregador, a *nação* seria a realização completa e última do ideal de associação popular; ela seria a única capaz de reconciliar a auto-expressão dos homens com uma sociedade mais coesa e mais justa.

Os utópicos românticos, como Michelet, Mazzini ou Thierry, estavam, contudo, longe de afirmar que cada nação fosse uma lei de si própria, em inevitável rivalidade com as demais.

Da mesma forma que supunham um povo potencialmente integrado na sua "alma interior", no seu "espírito", integração que se consumaria, afinal, na própria duração, na história, também as particularidades nacionais deveriam colocar-se a serviço de um ideal universal. Em ambos, *povo* e *nação*, a fraternidade e a história seriam o veículo de regeneração e redenção. Michelet, por exemplo, só vislumbrava uma solução para as "servidões populares" na França: "a libertação pelo amor da pátria".

Note-se que a pátria, para ele, era "toda a humanidade"; e, num escrito curioso, *O banquete,* fala-nos dos "milagres da associação", antevendo, quase em delírio, a reunião de todos os povos da Europa "numa mesa posta — da Irlanda ao Kautchatka: convivas ausentes, presentes, todos numa mesma reunião". Fichte, por outro lado, via a nação alemã como uma planta natural, "com maior abundância de ramos e galhos, mas em promissor crescimento na história universal"; assim como Mazzini ou Mickiewicz, que apontavam para a proximidade iminente de um período de purificação, para as novas nações italiana ou polonesa, através da história universal. Mesmo a expectativa messiânica de Mazzini por uma "Terceira Roma" passava por uma integração harmoniosa do "espírito nacional" italiano na história universal.

Todos os registros eram quase unânimes em apontar uma justificativa das particularidades nacionais, sempre a serviço de um ideal universal. Embora estes construtores de "utopias nacionais" acreditassem na "humanização" da história universal e dissessem, como Herder, que "viviam num mundo que nós mesmos criamos", supunham a existência de uma história universal, veladamente conduzida por um poder providencial anônimo, em que Mazzini ou Michelet não hesitaram em colocar Deus. Seus desígnios finais eram insondáveis, sendo desvelados apenas na "história particular" de cada povo.

O exemplo mais marcante e o registro mais vivo desta *universalização* do messianismo nacional encontra-se ainda em Michelet, quando, noutra passagem entusiástica, registrou:

> O meio mais eficaz que Deus imaginou para criar e aumentar a originalidade distintiva foi a manutenção desse mundo harmonicamente dividido nos grandes e belos sistemas a que chamamos nações; cada uma, abrindo ao homem um diferente campo de atividade, constitui uma pedagogia viva. Quanto mais o homem progride, mais penetra o gênio de sua pátria, mais concorre para a harmonia do globo; aprende a conhecer essa pátria, tanto em seu valor próprio como em seu valor relativo, como uma nota do grande concerto; a este se associa por intermédio dela; nela, ele ama o mundo. A pátria é a iniciação necessária à pátria universal.[8]

Qual era esta *pedagogia viva* que, na visão de Michelet, a França trazia à realização da história universal? Ele responde, num dos capítulos mais notáveis de *O povo*, que

---
8. Michelet, *Le peuple*, op. cit., p. 219-20.

"devemos sempre agradecer a Deus por nos ter dado esta grande pátria, a França", e acrescentava:

> E isso não apenas por tantas obras gloriosas que empreendeu, mas sobretudo porque nela encontramos ao mesmo tempo o representante das liberdades do mundo e o país simpático entre todos, a iniciação ao amor universal.[9]

A *pedagogia viva* que, no fim das contas, a França trazia ao cenário da história universal era a continuação da tradição revolucionária, pois Michelet acreditava que a França fora eleita, em nome da revolução, para liderar e iluminar o futuro do mundo.

A realização final da utopia sugeria, sutilmente, a harmonia de cada realização nacional com a consumação da história universal. Os povos libertados realizariam o ideal da nação como uma família de irmãos; eis o tema da *Jovem Europa*, idealização de um mundo novo, compensando as incertezas do presente por um novo salto à frente: a "primavera dos povos", prodígio de renascimento e resgate dos autênticos valores nacionais de cada povo.

Este messianismo nacional — messianismo de timbre coletivo, como mostramos — em nenhum momento foi visto por Michelet, Mazzini ou quaisquer dos outros, como uma construção utópica ou algo semelhante. Michelet mesmo fazia questão de, reiteradamente, rejeitar a acusação de "construtor de reinos utópicos". É conhecida sua reação mal-humorada a *Viagem a Icária*, de Etienne Cabet, publicado em 1842 — considerando-o como fabricação equívoca de uma cidade futura, sem raízes no passado nem enraizamento coletivo.

Michelet e outros utópicos românticos, levando em conta as perspectivas da época, tinham um certo grau de razão.

---

9. Michelet, *Le peuple*, op. cit., p. 221-2.

Bem ao contrário do pensamento utópico anterior que colocava em jogo uma concepção cíclica de tempo, onde a sua passagem era valorizada negativamente, ou forjava mundos com relógios parados, trabalhando quase sempre com um modelo de "felicidade tranqüila", terminal, paradisíaco e, não raro, a-histórico, a utopia romântica, cujo vértice de realização, pelo menos na modalidade que estamos tratando, era a *comunidade popular* enquadrada na mística nacional, consistia, a rigor, num imaginário que incorporava, dentro de seus próprios marcos, uma metamorfose contínua, possuía (ou imaginava possuir), por assim dizer, um "final aberto". Excetuando a vaga sugestão de um otimismo, pouco provável na atitude de resignação romântica, talvez J. B. Bury tivesse razão quando dizia, comentando as obras destes homens, que, apesar dos exageros, eles contribuíram para "habituar o mundo à idéia de um progresso indefinido".[10]

A utopia romântica, em todas as suas modalidades, implicava uma valorização mais positiva de um tempo concebido, no fim das contas, como irreversível: o tempo corria, sem retorno possível para o passado, em direção a um futuro concebido como lugar único da mais autêntica e harmoniosa liberação humana.

Resultante de uma nova tomada de consciência da história, vislumbra-se aí o tema do *infinito dinâmico*, inspirado nos famosos círculos heraclitianos e, de resto, incorporado à concepção romântica de um progresso infinito, cuja realização dependeria basicamente da consumação do tempo e da história: "Com tempo, teremos o bom lugar..." — eis, ao que parece, a fala utópica em toda a sua peculiaridade romântica. Neste sentido, esta idolatria do tempo e da história constituiu, no fundo, resultado mental do colapso

---

10. *The Idea of Progress*, p. 252.

da continuidade histórica — resultado que foi acentuado, como mostramos, pela tensa e exagerada absorção romântica das imagens das revoluções contemporâneas.

Esta idolatria do tempo e da história que transformou as utopias românticas em autênticas "utopias de final aberto" também afetou, e profundamente, a concepção do que se entendia por *política*. A política não poderia ser mais, então, um conjunto de decisões pragmáticas ou uma questão de disposições práticas, aplicáveis num determinado momento ou lugar por obra cristalina das autoridades constituídas. Nem a ação resultante de leis constitucionais ou de legitimidade adquirida. A política, na sua acepção geral e segundo a ótica das utopias românticas, transcendia em muito todas estas prescrições. Colocada num patamar cultural superior, de autêntico humanismo universalista, considerava imperativo de consciência decifrar os ditados desta potência obscura, a história, e esforçar-se por cumprir as instruções escritas numa espécie de "livro do tempo". Eis aí o já mencionado messianismo que, no caso, prescindia de um Messias individual ou herói, já que se tratava de um "messias-coletivo": seria tarefa dos mais conscientes (ou menos inconscientes) realizar os desígnios da história.

A utopia romântica, especialmente nesta sua modalidade de messianismo nacional, assim como grande parte do ímpeto romântico à elaboração utópica, praticamente esmoreceu após as revoluções de 1848.

Ao menos parte desta ânsia pela unidade, desta tensão incoercível pela harmonia viva do povo, persistiu no âmago do inconsciente coletivo, ainda que sob forma de migalhas utópicas, fragmentos de mitos cotidianamente celebrados, embora posteriormente esquecidos e dissolvidos nas espirais do tempo. Michelet resumiu como nenhum outro esta ansiedade utópica, quem sabe irrealizável, ao declarar: "*Temos apenas um único desejo: perdermo-nos no grande todo.*"

E Michelet terminaria, como grande parte de seus contemporâneos, na dúvida e na resignação.

Relembrando Fourier

O ideário utópico romântico, na sua modalidade de messianismo nacional, que aqui indicamos brevemente através de Mazzini, Mickiewicz e, sobretudo, Michelet, considerava a *nação,* da forma peculiar como a definiam, como o veículo por excelência de acesso ao reino humano da harmonia e da perfectibilidade.

Partilhando aquela mesma espécie de idolatria do tempo e da história, aliás característica mais geral das utopias românticas, e também da concepção messiânica de política, por nós apontada, tivemos as construções não necessariamente presas ao ideal nacional, modalidades mais difusas de utopias socialistas ou associacionistas.

Se os profetas do nacionalismo proclamavam a *nação* como unidade de associação *por excelência* entre os homens — e associação que, como vimos, ansiava por uma realização universal —, para os utópicos socialistas o veículo desta associação haveria de ser, primordialmente, uma sociedade sem classes, formada por produtores e/ou trabalhadores, que, no final, se estenderia ao mundo todo. Por utopias românticas sociais, estamos aqui entendendo as construções de um modelo de sociedade que partilhava da concepção romântica de história e de tempo, da concepção de que a reflexão intelectual era idêntica à imaginação, e de um certo messianismo voluntarista no campo político.

Diferenciação, por certo, um tanto vaga, já que podemos rastrear, nos primeiros escritos tanto de Proudhon quanto de Marx, por exemplo, traços sutis desta concepção de tempo e da história. Concepção extensiva a todas as construções que enfatizavam, difusamente, a história como uma longa marcha em direção a um objetivo supremo. O problema é que estas construções utópicas socialistas ou até anarquistas modificaram-se às vezes de forma radical, depois da experiência malograda das revoluções de 1848. Do ponto de vista aqui adotado, que procura situar as utopias românticas como um movimento sociocultural enraizado na primeira metade do século XIX, talvez a obra típica da utopia romântica no campo social, tanto no que se refere ao teor geral da construção quanto na atitude estética, tenha sido a de Charles Fourier. Daí por que escolhemos, através dela, indicar alguns dos registros mais salientes do imaginário utópico romântico no campo social.

De fato, nenhuma obra condensou de forma mais ousada e intensa os temas centrais do ideário utópico romântico como a de Charles Fourier. Nela encontramos, de forma nem sempre clara, uma utilização intencional da *imaginação* como um modo de pensamento: aquela imaginação tão bem trabalhada pelos poetas que, como sugerimos no segundo capítulo, buscava, em última análise, transcender o tempo presente. Esta capacidade de imaginação juntava-se, em Fourier, a uma ansiedade por uma interpretação global e cósmica da existência humana; por fim, partilhava ainda a crença romântica (derivada de Rousseau) numa humanidade naturalmente boa, pervertida pelas instituições.

Qual foi o ponto de partida deste humilde caixeiro, que experimentou as agruras da miséria em Lyon e terminou seus dias como obscuro escriturário da sucursal parisiense da Casa Curtis & Lamb? Foi, seguindo aquele desenraizamento típico das utopias, uma crítica devastadora à sociedade existente e, por extensão, ao sistema econômico capitalista.

Começa por um incidente prosaico quando, ao jantar num restaurante em Paris, Fourier espanta-se com a diferença brutal no preço de uma maçã em relação à que ele havia comprado numa cidade próxima. O episódio já ganha, descrito pela pena inquieta de Fourier, toques de um messianismo de caráter universal — a maçã figura como uma espécie de talismã metafórico de grandes episódios humanos: Adão e Eva, Páris e Helena, Isaac Newton e claro... Fourier. O incidente apenas vem reforçar o juramento de infância: "Fiz aos sete anos", escreve Fourier, "o juramento que Aníbal fez aos nove contra Roma: jurei um ódio eterno ao comércio."

E era no comércio que, segundo Fourier, se manifestava de forma profunda a fraude mesquinha da nossa civilização. Em seu livro, *O novo mundo industrial e societário,* de 1829, atacava violentamente o "parasitismo e a cupidez impenitentes" dos comerciantes e dos inumeráveis "intermediários, agentes, financistas, advogados, um verdadeiro enxame de inúteis comendo às expensas de outros", esforçando-se apenas em criar formas cada vez mais refinadas de rapacidade e fraude, com o único objetivo de aumentar o embrutecimento de suas vítimas. Há, com isto, uma permanente e insidiosa inversão e corrosão dos valores, denuncia Fourier: o engano, a fraude e a falta de escrúpulos recebem o qualificativo de "habilidade comercial"; a astúcia mais vil e mesquinha é vista como capacidade e senso de previsão; em contrapartida, as virtudes de modéstia e sinceridade são tachadas de lamentável falta de iniciativa ou de ineficiência. Tudo isto exasperava Fourier, e ele concluía que o comércio acabava por engendrar uma "nova feudalidade mercantil", favorecendo o reinado dos banqueiros e dos plutocratas. Neste cenário em ruínas pintado por Fourier, a pretensa "evolução" do capitalismo e as promessas liberais de um sistema político baseado na soberania popular e na livre discussão pública revelaram-se tão vazias quanto ridículas. Neste cenário de contradições gritantes, da miséria no meio da abundância, da rusticidade mais tacanha em meio ao desenvolvimento técnico, certos governos tentaram colocar alguma ordem nesta espécie de guerra selvagem. Ato contínuo, os empresários reagiram, retirando os produtos do mercado e enviando o ouro para fora do país. Os governos, temendo a paralisia econômica, mas demasiado débeis para lutar contra ela, resignaram-se a aceitar o *laissez-faire*. "O *laissez-faire* só pode ser portanto", concluía laconicamente Fourier, "fruto do mais mórbido desespero".

Na *Teoria dos quatro movimentos* convergem, de um lado, um humanitarismo profundamente desprendido, e, de outro, um horror quase epidérmico pela violência e pela instabilidade na vida humana geradas na época das revoluções. Vivenciando de perto a degradação das condições de vida dos operários têxteis de Lyon, Fourier parece ter desenvolvido uma apuradíssima sensibilidade da situação abjeta do trabalhador pobre no início da industrialização; aquele trabalhador preso ao prático-inerte da sua condição humilhada, desprovido de quaisquer auxílios, unicamente sujeito aos humores da patronagem ou da filantropia. Sua obra constitui um registro fragmentado e candente, uma fala balbuciante de uma consciência espicaçada pelas injustiças de um mundo que inverteu todos os sentidos, transtornou todos os valores, até mesmo os de civilização e barbárie, tão caros ao pensamento iluminista. Seu diagnóstico, pela abrangência e pelo tom profético, merece que o evoquemos.

> As guerras e as revoluções atravancam, sem cessar, todos os pontos do globo [...] A paz não passa de um engodo, de uma quimera, de um sonho fugaz; a indústria tornou-se o suplício dos povos, depois que uma ilha de piratas bloqueia as comunicações [refere-se à Inglaterra], desencoraja a cultura de dois continentes inteiros e transforma suas fábricas e oficinas em viveiros de mendigos. A ambição colonial só fez irromper um novo vulcão; o implacável

furor dos negros logo transformará a América num vasto ossuário, vingando, pelo suplício mais do que justo dos conquistadores, o genocídio e o aniquilamento das raças indígenas. O espírito mercantil só abriu novas rotas para o crime; a cada guerra ele estende suas garras ambiciosas sobre os dois hemisférios inteiros e introduz, no interior das regiões selvagens, os escândalos da nossa cupidez civilizada: nossas embarcações atravessam o mundo inteiro apenas para anexar e corromper os bárbaros e selvagens, associando-os aos nossos vícios e furores.[11]

Juntando o cósmico ao existencial e, se pensarmos num registro semelhante na mesma época, talvez apenas Schopenhauer tenha articulado um diagnóstico tão sombrio e tão veemente do mundo no qual vivia. Lembre-se que o rabugento filósofo alemão gostava de discorrer, morbidamente, sobre aquele que, para ele, constituía o maior símbolo alegórico da nascente sociedade industrial: a "formiga buldogue" da Austrália, enorme e voraz, que, ao ser cortada pelo meio, iniciava uma batalha entre a cabeça e a cauda: a cabeça agarra a cauda com as presas e a cauda se defende vigorosamente, ferrando a cabeça. A luta pode durar até meia hora, até um final irreversível de violenta autofagia. A diferença entre o diagnóstico de Schopenhauer e o de Charles Fourier era simplesmente a ansiedade e o esforço deste último para transcender o mundo no qual vivia, ainda que imiscuindo-se no território imaginário da utopia, enquanto o primeiro mergulhava na sublimação ascética, no desespero ou no mais profundo niilismo.

Fourier ainda acreditava, como Rousseau, na bondade natural dos homens, aqueles "seres que eram felizes quando tinham sobre si apenas o céu e as estrelas". E afirmava,

---

11. *Théorie des quatre mouvements* (1808), in *Œuvres complètes*, Paris, Anthropos, vol. I, 1978, p. 100-1.

como sua grande descoberta, que o princípio newtoniano da atração regia não apenas o mundo físico, mas também o mundo social. As paixões humanas, até aquele momento da história, só haviam provocado, como uma reação em cadeia, violências, desgraças e atrocidades. Fourier queria encontrar, a todo custo, com uma insistência quase doentia, aquilo que ele chamava, paradoxalmente, de a "matemática das paixões". Nos seus primeiros escritos, talvez estimulado pelas descobertas científicas da época, faz lembrar muito aquilo que Goethe tão bem designaria, alguns anos mais tarde, como "afinidades eletivas": a atração universal, a fusão, no mesmo cadinho, da força que magnetiza os planetas e arrebata os amantes.

Num empreendimento romântico por excelência, e combinando a mais desvairada imaginação com uma precisão quase milimétrica, Fourier expõe, assim, a sua Lei da Atração Passional: doze paixões, cinco *sensoriais*, diretamente ligadas aos cinco sentidos, quatro *afetivas* (amizade, amor, ambição e familismo) e três *distributivas* (*cabalista* ou paixão da intriga, fonte permanente de emulação; *compósita,* paixão pela ordem e pela harmonia; e, finalmente, a paixão *borboleteante,* que representa o gosto pela variação e pela mudança).

Eis aí uma taxonomia tão tresloucada e bizarra que, em certos momentos, parece um eco sonoro e irônico da mania classificatória do racionalismo iluminista.

Para Fourier, todas as filosofias e as teorias, e os respectivos sábios que as propunham, pareciam até então estar atacados de "catarata filosófica", pois só fizeram por extraviar a razão do seu verdadeiro caminho; suas receitas, contrariando estas paixões ou alterando-as, nunca passaram, estas sim, de proposições utópicas, pois queriam modificar, transtornar artificialmente, o fundo mais autêntico e puro da natureza humana.

Manietando as paixões, reprimindo as mais íntimas inquietações humanas e ignorando, sobretudo, a Lei da Atração

Passional, a civilização, esta senhora ilustre dos tempos de Voltaire, transformou o mundo humano num verdadeiro inferno social. É contra esta civilização meio mecânica e ardilosa que Fourier propõe a "sociedade harmoniosa".

Na ânsia de harmonizar todas aquelas doze paixões sem reprimi-las, e compulsoriamente obrigado a articular os desejos com as realizações reais, Fourier mergulha fundo na sua utopia: eis o *falanstério,* palavra formada pela junção dos vocábulos "falange" e "monastério", unidade mais ou menos fechada, onde viveriam cerca de 1.600 pessoas, formando as "séries passionárias", concebidas para harmonizar todas aquelas doze paixões.

Aqui, o receituário utópico de Fourier, como muitos outros, combina proposições de notável lucidez criativa a outras proposições e descrições, por assim dizer, delirantes e até risíveis. Entre as primeiras, o projeto detalhado de uma produção agrícola associada, difusamente cooperativista, ou a idéia, recorrente nas suas descrições, de que uma sociedade industrialmente desenvolvida seria a pré-condição de plena liberdade no amor. Entre as últimas, a recomendação aos habitantes do falanstério de mudar de atividade a cada duas horas, para "não frustrar a volúvel paixão borboleteante" ou, satisfazendo o gosto dos meninos [sic] "por chafurdar na sujeira", aproveitá-los como lixeiros, organizando "hordas de meninos" catadores de lixo ou "limpa-chaminés".

Nada a estranhar neste utopista que, como dissemos antes, fez da imaginação, à sua maneira, uma modalidade de reflexão consciente e ousada. Conforme continuamos a ler suas arrebatadas descrições do falanstério, as ambigüidades prosseguem, quase que na razão direta da sua Lei das Atrações Passionais. A produção, a distribuição da riqueza e a estrutura do consumo apresentam um caráter híbrido. A propriedade privada é mantida; não se trata, no caso da sociedade falansteriana, de um projeto comunista, mas, no geral, de caráter associativo ou associacionista; prevê-se uma porcentagem na repartição dos benefícios entre os (nos termos de Fourier) "capitalistas acionistas", "inventores científicos" e "trabalhadores executantes". Mas o consumo é coletivizado, com Fourier descrevendo em minúcias os grandes palácios coletivos com imensos e suntuosos refeitórios, onde eram servidas pelo menos sete refeições diárias compostas por doze pratos e iguarias diversas.

Curiosa, para dizer o mínimo, esta descrição fourierista dos refeitórios coletivos, representação épica da fome e do alimento, representação incontida da abundância capaz de saciar todas as carências — típica das construções utópicas e dos milenarismos de todas as épocas, mas muito mais visível nos tempos modernos onde convergem, em altíssimo grau, a escassez e a penúria. Mais provocadora ainda, esta insistência de Fourier em combinar trabalho e lazer, transformando a obrigação cinzenta e rotineira em prazer multicolorido e inesperado, numa inversão notável do "trabalho necessário", esta mola propulsora do capitalismo, modeladora dos comportamentos e ideologias.

Utopia "associacionista" organizada de baixo para cima, o falanstério não seria, portanto, uma unidade centralizadora; o próprio Estado era descrito por Fourier, ainda que de forma ambígua, como uma "federação de associações livres".

Esta ambigüidade, típica daqueles que pretendiam erguer castelos num mundo onde todos os alicerces ruíram, e que já apontamos como traço característico da atitude utópica romântica, esteve visceralmente presente em Fourier.

A atitude romântica persistia ainda na esperança, quase messiânica, de que, a partir dos falanstérios, essas sociedades limitadas e independentes, projetadas no interior da sociedade maior, modificariam radicalmente todas as estruturas básicas da vida humana, instalando-se a "sociedade harmoniosa". Não seria a *nação*, aqui, o elemento deflagrador da utopia universal — como em Michelet ou Mazzini —, mas o próprio falanstério que, em Fourier, continuaria sendo, no que se refere ao processo utópico, uma construção de *final aberto*.

Neste sentido, retomando o fio da concepção romântica da história, o fourierismo acreditava que a civilização, com todos os seus males, era transitória, devendo ser superada ao longo do tempo. Ao expor sua visão particularíssima da "filosofia da história", Fourier se utilizava de toda uma série de metáforas e analogias biológicas para realçar as características das fases de "vibração ascendente" e "vibração descendente" das sociedades no tempo. Tais fases, contudo, não constituíam ciclos fechados; pelo contrário, o espaço utópico concebido por Fourier tinha sempre a tônica do reversível, desenhava-se como *aberto* em relação ao tempo. De novo, temos aí aquela *ucronia,* uma reflexão no sentido romântico de temporalidade: "com tempo, teremos o bom lugar..."; com o sucesso do falanstério, o projeto ganharia, a longo prazo e sem previsão de data, aceitação geral e extensão universal.

Quando se fala de Charles Fourier, procura-se, usualmente, uma imagem quase caricatural: tornam-se mais visíveis e sujeitas à galhofa geral suas promessas idílicas e paradisíacas, como a do aparecimento de uma nova aurora boreal, que alteraria o clima da Sibéria e produziria um "ácido cítrico boreal" transformando a água do oceano em limonada; ou a da criação de um grande animal, o "antílon" ("anti-leão"), capaz de carregar sete homens "com um galope macio, elástico e rasante".

Mas esta atitude de exagero imaginativo, às vezes de quase delírio onírico, estas quedas no espaço do inverossímil, constituíram, não raro, como mostramos, partes do empreendimento utópico em geral e, em particular, das utopias românticas. Embora reconhecida a vanidade em lutar com as palavras, esta mobilização de energia imaginativa fazia parte da luta sutil, mas sem tréguas, para delimitar uma nova comunidade de linguagem e um novo campo de significações. Utilizar-se desta arma ofensiva, a imaginação, no espaço simbólico, era marcar pontos na luta para, a longo prazo, sustentar uma atitude não conformista em face da sociedade e à história.

Exercício profundo de imaginação, crivado de promessas inocentes, combinando, num mesmo movimento exasperado e tenso, doses cavalares do desejável e do impossível, a obra de Fourier — ainda por ser analisada, sobretudo seus cadernos de manuscritos, muitos ainda não publicados — fornece-nos um raro arquétipo da utopia romântica, talvez em seu estado mais puro e mais representativo.

Neste sentido, a obra de Fourier, assim como todas as grandes utopias, desafia-nos, da mesma forma que aos homens do seu tempo, para uma espécie de grande exercício, um exercício prometéico para superar, ao menos mentalmente, a sociedade existente, transcender o imediatamente dado, buscando o impossível, provocar os homens a recriarem-se e a recriar o mundo ao seu redor. Sua obra, neste sentido, pode ser lida como uma tentativa para mostrar àqueles "homens inválidos do tempo" não apenas os difíceis caminhos de uma utopia sublimadora, mas uma espécie de "nova carreira aberta ao talento" — não ao talento puramente individual, e sim ao talento inventivo, prático e criador de toda a humanidade.

Seus seguidores, como Victor Considérant e muitos outros, dificilmente conseguiram reprisar, com tal força, entusiasmo e convicção apaixonados, as mesmas proposições de Charles Fourier. Este homem que, renitente e teimoso, todos os dias sentava-se em frente de sua casa, no mesmo horário, aguardando algum capitalista esclarecido que se oferecesse para financiar o primeiro falanstério.

Aguardou em vão, até a sua morte em 1837. E é lícito, talvez, terminar nossa curta evocação como na ode que o seu admirador surrealista, André Breton, ainda com uma pontinha de esperança num mundo destroçado, lhe dedicou: "Fourier, ainda estás aí?"

4

1848: Esgotamento das utopias românticas?

Não procures soluções nestas páginas — onde elas não existem — nem neste livro, nem em outro lado qualquer. O que está feito acabou-se e a revolução ainda mal começou. Nós não construímos — apenas demolimos e limpamos o terreno. O homem contemporâneo, também ele, não faz mais do que construir pontes. O homem futuro, este grande desconhecido, é que irá atravessá-las. Você irá vê-lo e deverá segui-lo. Porque é melhor morrer com a revolução do que buscar abrigo no hospício da reação. A religião da revolução, da grande ebulição coletiva, é a única que te deixo. Não é remunerada, nem conhece recompensa exterior à da nossa própria consciência. Quando chegar o tempo, vai pregá-la por nós, em nossa casa: lá a minha voz, outrora amada, talvez seja lembrada. Abençôo-te nesse apostolado, em nome da razão humana, da liberdade individual e do amor ao próximo.

Alexandre Herzen,
trecho da dedicatória a seu filho
em *De l'autre rive*, 1854

Escrever agora! Para quê? Quando a história universal quebra o pescoço das pessoas, a pena é supérflua.

George Weerth,
em carta à Heinrich Heine, 1851

O sonho de uma sociedade harmoniosa, de um reino da perfectibilidade humana, presente nas utopias românticas — quer sob a forma de messianismo nacional, quer sob a forma associacionista, as duas articuladas numa mesma concepção de tempo e de história —, embalou o sono de filósofos, artistas, escritores e pensadores diversos, pelo menos até o convergente e tormentoso momento das revoluções de 1848.

Neste sentido, as revoluções de 1848 representaram um ponto de decisiva inflexão para o ideário utópico romântico. Não queremos com isto dizer que *toda* a problemática de 1848 se esgote nas utopias românticas, da forma com que estas últimas foram aqui apresentadas.

Em 1848, socialismo e nacionalismo ganharam força em movimentos sociais até então inéditos na história européia. Rompendo com os liames dinásticos e com as regras de direito divino que uniam as monarquias européias, 1848 marcou também o fim da política da "tradição". Os trabalhadores pobres, sobretudo parisienses, irromperam na cena histórica, quer sob a forma de motins de ebulição, ao estilo de Louis Blanc, ou erguendo as barricadas, tão sedutoras para Fourier como um típico "trabalho não-assalariado, mas apaixonado". Da mesma forma, as manifestações camponesas, que ocorreram difusamente em vários países, ou outros movimentos de coloração diversa, e abrangendo todo o espectro social, mostravam, enfim, o autêntico mosaico de ideologias e projetos sociais presentes nos movimentos de 1848.

Da ampla e enorme historiografia sobre 1848, dois notáveis historiadores, um mais antigo, outro mais recente, avaliando o teor geral do movimento, chamaram nossa atenção para dois aspectos básicos da "primavera dos povos". O primeiro afirmava que, enquanto os direitos do homem triunfaram nas ruas de Paris, à custa de uma carnificina de quatro mil pessoas, os direitos das nações triunfaram nas ruas de Viena; e concluía, ironicamente, dizendo que terminara o governo baseado na tradição, sendo que, daí para a frente, os povos poderiam ser governados somente pelo consentimento ou pela força.[1] O segundo chamou nossa atenção para o fato de que os movimentos de 1848 constituíram-se, a rigor, em revoluções sociais de trabalhadores pobres, salientando que o confronto decisivo deu-se não apenas entre os regimes tradicionais contra as classes burguesas ou as "forças de progresso" reunidas (com todos os toques de violenta repressão), mas entre ordem e revolução social.[2]

Mas, para além dos condicionamentos sociais e dos posicionamentos conjunturais e/ou de classe, as utopias românticas formaram algo como um oxigênio comum para os homens da época, em particular para aquilo que os franceses intuíram e nomearam como espírito "quarante-huitard". Quadro mental e sensibilidade, concepção de tempo histórico, linguagem e gestos comuns — eis, ao que parece, o repertório difuso que indicou a presença dos projetos utópicos românticos nas revoluções de 1848.

Nada parece mais fatal para o pensamento utópico do que o brutal contrachoque com a realidade mais mesquinha e a diluição das suas esperanças nas estreitas alternativas do fato consumado. Mais ainda, no caso específico em exame, o das utopias românticas, que se nutriam da cadência dos eventos, de um não interrompido processo de mudanças, de uma temporalidade histórica marcada pelo avanço desafiador em direção ao futuro, que designamos "idolatria da história". O corte representado por 1848 foi ainda brutal para aquela espécie de impaciência messiânica, no campo político, que marcou, para além de suas diferenças circunstanciais, a linguagem e os gestos de monarquistas ou republicanos, moderados ou radicais.

---

1. A. J. P. Taylor, *Europe: Grandeur and Decline*, 1950, cap. "1848".

2. E. J. Hobsbawm, *The Age of Revolution, 1848-1875*, 1978, cap. I.

Ganha relevo, neste passo, o profundo sentimento de frustração da *intelligentsia* da época, com os resultados colhidos em 1848: a rápida e, em alguns casos, fácil vitória das forças revolucionárias, entre os meses de fevereiro e abril, e, a partir de junho e dos meses seguintes, o também rapidíssimo e quase que total fracasso das revoluções.

O traço de romantismo utópico presente nos movimentos de 1848 foi inicialmente desenhado a partir de um dos seus dados mais visíveis: a presença dos pensadores, escritores e poetas nas questões políticas e, sobretudo no caso da França, diretamente no governo provisório revolucionário. Tiveram uma atuação marcante: Victor Hugo, Lamartine, Louis Blanc, Lammenais, Béranger, Mazzini, Macaulay e outros; e menos acentuada, mas sendo testemunhas privilegiadas: George Sand, Michelet, Kossuth, Petöfi, Tocqueville e, é claro, Marx.

Entretanto, no caso específico que examinamos — o do desarranjo e, talvez, o do esgotamento do ímpeto utópico romântico nas revoluções de 1848 —, estes dados a respeito da presença concreta da *intelligentsia* nos movimentos talvez sejam os menos relevantes ou então apenas sintomáticos. E sintomas de um desvio ou do esgotamento, pela desilusão, de uma forma de sensibilidade quase indeterminada, portanto difícil de desenhar-se a partir de traços fortes e diretos.

É hábito assinalar-se aí o caráter desconcertante da rapidez dos eventos de 1848, da transição brutal da considerada "primavera dos povos" para o "ano louco", dos humores do chamado "ministro-poeta" Lamartine e o misto de retórica vazia, de idealismo místico e de ilusão generosa de toda a geração revolucionária — sem falar no mal disfarçado desprezo e indiferença da *intelligentsia* pelas classes populares.

Neste ponto, voltamos a insistir numa atitude de análise, que antes já esboçamos, de não desqualificar de imediato as utopias românticas, atendo-se ao mero realismo dos fatos.

Nada mais ambíguo e enganador do que este pretenso "realismo"; desqualificar *a priori* o ideário utópico a partir dele é renunciar a esta tarefa complexa de *compreender* os homens, assim como as perplexidades e as utopias de sua época.

Do ponto de vista aqui adotado, a ruptura com a realidade imediata constituía-se em parte intrínseca do projeto utópico romântico, portanto um elemento essencial à sua própria compreensão. Num repertório tão amplo e quase inesgotável, é necessário que exemplifiquemos com algum registro deste (quase premeditado) confronto das utopias românticas com a realidade "tal como era imaginada".

Entre os inúmeros testemunhos de 1848, entre tantas vozes desiludidas exprimindo esta forma de sensibilidade, talvez o registro mais significativo, o que melhor incorporou aquela desilusão saturada de um inconformismo pelo rompimento utópico, esteja em *A educação sentimental*, o famoso romance de Gustave Flaubert.

Eis então Frédéric Moreau, vagueando como um errante, num calvário de sucessivas antíteses dos seus sonhos e projetos febris a chocarem-se contra a nua e crua realidade da época: a cupidez material da burguesia financeira parisiense, a despersonalização exangue das amantes, a complacência dos círculos políticos republicanos ou legitimistas e a fluida engrenagem dos círculos boêmios. Como esse homem assiste e registra, com a mediação implacável da pena de Flaubert, a abdicação de Luís Filipe em 24 de fevereiro de 1848, propriamente o início da revolução na França?

Eis, então, como Flaubert, escrevendo quase vinte anos depois, resgata parte da cena:

> Os tambores rufavam a avançar. Estrugiam gritos agudos, hurras de triunfo. Um contínuo remoinho fazia oscilar a multidão. Frédéric, preso entre duas massas compactas,

não se mexia, fascinado e absorvido. Os feridos que caíam, os mortos estendidos, não tinham ar de feridos verdadeiros, de verdadeiros mortos. Parecia-lhe assistir a um espetáculo. [...]

A tropa de linha tinha desaparecido, ficando apenas os municipais a defender o posto. Uma onda de intrépidos atirou-se ao portal; caíram; outros surgiram; e a porta, abalada por grandes pancadas com barras de ferro, retumbava; os municipais não cediam. Mas uma caleça atulhada de feno, e que ardia como numa grande fogueira, foi arrastada até as paredes. Depressa trouxeram feixes, palha, um barril de álcool. O fogo subiu ao longo da cantaria e o edifício começou a fumegar por todos os lados, como uma solfatara; grandes labaredas trepavam no alto, entre as balaustradas e o terraço, com ruído estridente. O primeiro andar do *Palais-Royal* tinha-se enchido de guardas nacionais. Atiravam de todas as janelas da praça; as balas sibilavam; a água da fonte rachada misturava-se ao sangue, fazia poças no chão; tropeçava-se pela lama em peças de roupa, bornais, armas; Frédéric sentiu debaixo dos pés uma coisa mole; era a mão de um sargento, de capote cor de cinza, deitado com a face para baixo. Novas ondas de povo chegavam sem cessar, impelindo os combatentes para o posto. A fuzilaria tornava-se mais freqüente. As tabernas estavam abertas; de vez em quando iam lá fumar uma cachimbada, beber, depois voltavam a bater-se. Um cão perdido uivava. Aquilo dava vontade de rir.

Frédéric foi abalado pelo corpo de um homem que, de chofre, com uma bala nos rins, lhe caiu sobre o ombro, no estertor. Aquele tiro, dirigido talvez contra ele, encheu-o de furor; e atirava-se para a frente quando um guarda nacional o deteve.

— É inútil! O rei acaba de partir. E se não acredita, vá ver! Semelhante asserção tranqüilizou Frédéric. A praça do

Carrossel tinha um aspecto sossegado. O palácio de Nantes lá se levantava sempre solidamente; e as casas por trás, o zimbório do Louvre na frente, a extensa galeria de madeira à direita e o terreno vago, que ondulava até às barracas dos quinquilheiros, estavam como que afogados na cor cinzenta do ar, onde longínquos rumores parecia confundirem-se com a bruma — ao passo que, no outro extremo da praça, uma claridade crua, caindo por um rasgão das nuvens na fachada das Tulherias, recortava em branco todas as suas janelas. Havia perto do Arco do Triunfo um cavalo morto, estendido. Por dentro das grades, grupos de cinco a seis pessoas conversavam. As portas do palácio estavam abertas; os criados, no vestíbulo, deixavam entrar.

Embaixo, numa saleta, estavam servidas canecas de café com leite. Alguns curiosos abancaram, gracejando, outros ficavam de pé, e, entre estes, um cocheiro de fiacre. Pegou com as duas mãos num açucareiro, lançou um olhar inquieto à direita e à esquerda, e pôs-se a comer vorazmente, com o nariz metido dentro.[3]

O evento aí descrito por Flaubert é o momento da abdicação de Luís Filipe e sua posterior fuga do Palácio das Tulherias, sob a pressão das intensas manifestações populares. Nas primeiras frases, a intensidade vibrante do episódio, no duplo plano sonoro e visual, em notável contraste com o estado de espírito de Frédéric, aí apresentado como passivo espectador de um autêntico espetáculo.

Em seguida, vem a descrição do ataque da multidão ao Palácio Real e a desilusão já antecipada na imagem da *solfatara,* literalmente uma tocha gigantesca mas, sobretudo, a cratera de um vulcão extinto. Um certo horror pelo

---

3. Flaubert, *L'éducation sentimentale,* parte III, cap I.

envolvimento e pela violência fratricida, com a referência prosaica a Frédéric pisando sobre cadáveres — referência que termina ironicamente com a imagem quase festiva das tabernas cheias e do cão perdido uivando, este último funcionando como uma figura quase metafórica, talvez do próprio estado emocional do personagem.

No terceiro parágrafo citado, o seco e repentino aparecimento da morte que, por um rápido segundo, chega mesmo a suscitar uma atitude de engajamento heróico em Frédéric; engajamento que aborta prematuramente, a partir da fala manifestamente antiutópica do guarda nacional: "É inútil! O rei acaba de partir. E se não acredita, vá ver!"

Depois, no penúltimo parágrafo, Frédéric retoma sua posição passiva de mero espectador, sucedem-se as descrições do dia lúgubre e fugaz, que confluem na imagem única do cadáver de um cavalo, testemunha patética e imóvel da vacuidade da luta, junto ao Arco do Triunfo.

No último parágrafo, sem quaisquer traços épicos ou heróicos, e ganhando pelo olhar de Frédéric os contornos de uma cena farsesca, vemos a pilhagem no interior do palácio.

A recompensa de todo o heroísmo revolucionário vem na proporção direta ao gasto de energia: a imagem voraz de um cocheiro a empanturrar-se num açucareiro real! Parece sugerida a única alternativa de dramática pobreza simbólica para Frédéric: também degustar as migalhas deixadas pela fuga da realeza no esboroar da tradição; restos de um movimento revolucionário que ele enxergou apenas a partir da ótica de suas paixões utópicas; restos de uma revolução que não necessitou dele, que o enganou, mesmo estando ele presente.

Eis aí o fragmento de um quadro mental de frustração irremediável, de derrotismo niilista, captado a partir do ângulo excitado da consciência flaubertiana, neste excerto notável de *A educação sentimental* — um romance que, da nossa perspectiva, pode ser lido como um reencaminhamento doloroso da sensibilidade utópica romântica.

O fragmento transcrito exemplifica ainda a nevrálgica experiência de esgotamento das utopias românticas em face dos movimentos de 1848. As duas vertentes das utopias românticas, brevemente esboçadas no capítulo anterior, o messianismo do "povo-nação" e o projeto associacionista ao estilo de Fourier, tiveram talvez a sua mais dura e desafiadora prova em 1848.

Em primeiro lugar, parecia mesmo o fim daquela ilusão lírica de fraternidade que impregnou as utopias românticas, cuja expressão mais notável foi, na versão de Michelet, aquela *mística do povo.*

"Com exceção de um pequeno número de privilegiados, *o povo é todo o gênero humano*", escrevia Lammenais pouco antes das revoluções de 1848. Apenas alguns meses depois, recordando também os movimentos de 48, Tocqueville viu a mesma sociedade dilacerada em duas partes: "os que nada possuíam, unidos numa ambição comum; os que possuíam alguma coisa, unidos num terror comum." Embrenhadas na mesma e engenhosa retórica de um humanismo generoso, as utopias românticas pareciam, com efeito, ter *superestimado* a solidariedade social. Vimos como esta superestimação da fraternidade, acima de todas as diferenças de classe, esteve presente não apenas no humanismo universalista de Michelet, como também pressuposta na concepção de *harmonia,* ou na suposição de que as classes iriam se "federar" de Fourrier.

É conveniente observar que esta universalização de interesses — uma crença sincera e autêntica na maioria dos utópicos românticos — não escapou de ser utilizada posteriormente, na formulação hipócrita de "falar em nome do povo" no decorrer do longo processo de articulação da hegemonia política burguesa sobre a sociedade.

Fourier, apesar de suas descrições delirantes, ou talvez mesmo *por causa delas*, vislumbrou, em sua febril lucidez, parte dos exageros ingênuos deste idealismo universalista: sua tresloucada "teoria das paixões" foi, neste sentido, ainda que num discurso balbuciante e segmentado, uma tentativa de esboçar alguma solução, no intuito de recolocar as paixões humanas a serviço da organização social. Vale lembrar que Walter Benjamin também captou, nas estruturas arquitetônicas do falanstério, uma projeção dos desejos coletivos, ou seja, uma utopia, colocada no sentido de superar ou de transfigurar as profundas carências sociais.

Mas o testemunho de Tocqueville a respeito do estado de dilaceramento da sociedade era demasiado eloqüente. As duas vertentes das utopias românticas assistiram, a partir de 1848, à fragmentação de sua presumida harmonia social; isto através, por exemplo, da ambivalente ruptura do indivíduo em homem, cidadão, burguês, camponês ou proletário. Talvez o desdobramento mais visível desta frustrante experiência mental, desta profunda decepção ideológica, possa ser entrevisto na ilusão revolucionária, freqüentemente partilhada, de que o sufrágio universal ou a democracia política tornariam inelutável a democracia social.

Do ângulo dos projetos associacionistas ou falansterianos, a superestimação também era notável. Parece que tanto a libertação dos indivíduos das sujeições políticas, quanto a redenção dos trabalhadores das servidões econômicas foram pensadas apenas em termos de justificativas puramente morais ou razões humanistas. Afinal, num clima de sensibilidade fraterna e abnegação altruística, quem ousaria combater transformações de comprovada validade humana e moral? Mais ainda com relação ao messianismo nacional. Perante ele, os movimentos de 1848 puseram a nu as ambigüidades do "princípio das nacionalidades" e daquele humanismo universalista do "povo-nação" que lhe servia, afinal, de fundamento — aquele mesmo humanismo tão fervoroso em Mazzini ou Michelet. Direitos dos povos de dispor de si mesmos, segundo a noção revolucionária do "povo-contrato"? Ou direito de reunir, pelo decreto, pelo consentimento ou pela força, aquela *comunidade* de indivíduos unidos por traços culturais comuns, segundo a noção herderiana de "nação-instinto"?

Estas questões, que já traduziam inquietações candentes no interior do imaginário utópico romântico, tornaram-se urgentes a partir de 1848. Atropelando as utopias, estas questões seriam, afinal, resolvidas no campo concreto de lutas, na própria história — aumentando assim o sentimento generalizado de frustração, de complacência, de desengano e da mais cruel impotência face à realidade e à história.

Neste passo, nenhuma imagem foi mais expressiva e inquietante do que aquela *solfatara* sugerida por Flaubert, tivesse ela o significado de uma tocha gigante ou, o que talvez seja mais correto no contexto, de uma cratera fumegante de um vulcão já extinto. Sem contar que o próprio registro de Flaubert constitui já de *per se* um traço típico: tudo foi registrado a partir desta decepção da linguagem imaginativa e onírica, desta confissão disfarçada, deste lirismo cínico — elementos inerentes à escritura romanesca de *A educação sentimental*. Não há sequer as saídas que as utopias românticas projetavam, no sentido de superação da realidade pela pujança imaginativa, de conceber o transcendente através do poder da palavra. Todo este modo de conceber a imaginação como forma de conhecimento do mundo por vir, como analisamos no segundo capítulo, toda esta profusão retórica parece terminar nos pálidos registros dados pelas palavras ou no narcisismo desiludido de Frédéric, o qual desprezava o mundo e tudo que o simbolizava, aquecendo-se na luz do seu próprio ensimesmamento.

Tanto desperdício de energia utópica, para terminar na gulodice de um cocheiro de fiacre? Tamanho esforço para imaginar terras prometidas, arquitetando transformações cósmicas, para acabar em bagatelas ou em praticamente nada?

Fourier não viveu em 1848. Mas é conhecida a reação mais epidérmica de Michelet ao fracasso do movimento nas "jornadas de julho" quando, apelando ao latim, jogou no seu diário uma única e cortante frase: "*Excidat ille dies*" (Possa este dia ser apagado).

A reação mais imediata de Michelet lembra-nos outra frustração mais profunda, a daquela concepção de tempo e de história das utopias românticas — frustração que recobre todas as outras, que parece resumir todas as decepções ideológicas de 1848. Esta impaciência pela consumação temporal, esta "idolatria" da história, foi aparentemente mantida e até estimulada entre os meses de fevereiro e julho de 1848, impulsionada, entre outras coisas, por aquela sucessão precipitada de "revoluções-surpresa", com traços quase idênticos, que parecia confirmar a crença reiterada na realização inelutável do tempo em direção à harmonia e à perfeição.

Se 1848 foi designado como "esquina do mundo", não deixou de ser também a esquina onde as utopias românticas se perderam. O fracasso de 48 e a decepção que se completa com o golpe de Estado de Napoleão III em 1851 pareciam frustrar qualquer ânsia maior de consumação do tempo pelos homens, pois ofereciam provas de que o tempo histórico não mais se devia à força da ação coletiva ou à dialética da história, que o impulsionavam de uma forma indeterminada ou mesmo acidental. Os acontecimentos de 1848 haviam ainda mostrado que os homens, em lugar de dominar o tempo, de instituí-lo, tornavam-se gradativamente meros joguetes de uma força superior e impessoal, aniquiladora dos projetos pessoais e dos sonhos coletivos, diante da qual só restava submeter-se; o tempo passou mesmo a ser concebido como intrínseco aos próprios acontecimentos, nada além deles, nenhum sentido ou direção definida, nenhum fim transcendente — apenas a marcha monocórdia de engrenagens e mecanismos, mecanismos que seriam, no fim das contas, parte do todo maior, a sociedade. Abria-se espaço, então, para a idéia de que a sociedade, em sua organização e evolução, *dominava* as ações individuais e os projetos subjetivos, e a história tornava-se, portanto, e no limite, suscetível de ser submetida a *leis*.

A própria filosofia, enquanto reflexão sobre o transcendente, que constituía, como vimos, o pano de fundo daquelas construções utópicas, onde um novo mundo parecia sempre prestes a desabrochar, foi assumindo gradativamente a sua tônica algo perversa de objetividade, de imparcialidade, de observação exata. Mesmo as duas grandes linhagens de pensamento filosófico que principiaram então a entrar na ordem do dia — o positivismo francês, de extração comtiana, e o empirismo inglês, de filiação spenceriana, conformavam suas reflexões aos quadros da *ciência*.

Desapareciam as grande narrativas utópicas e, com elas, aqueles mestres de uma projeção para além das formas sociais de vida. Aquela febril geração de utopistas românticos caiu em desuso. Tornaram-se quase que *demodés*, como aqueles escritores na década de 1870 — entre os quais se incluíam Flaubert, Daudet, Turguenev ou Zola — que se reuniam uma vez por mês num café em Paris e se autointitulavam "o jantar dos autores vaiados".

Começara, enfim, aquele tempo no qual Henri Amiel, ao ler uma página de Taine, contava que, este sim, era um autor que lhe provocava uma sensação de cansaço, "como polias que rangem, máquinas que estalam e um fortíssimo cheiro de laboratório".

Tratava-se, afinal, de um processo de esgotamento da energia utópica romântica. Esgotamento de uma geração de artistas e pensadores — aqueles que Heine chamava de "maus carcereiros de idéias" — que pareciam então, nas décadas posteriores a 1848, debater-se, sem solução de continuidade, numa dispersão do real e no mais obscuro relativismo de um ideário tido como já estéril.

O tempo e a história posterior, caprichosos como sempre, permeáveis como as utopias, ilustrariam talvez o contrário: que nada se mostraria mais estéril, para iluminar os homens e as sociedades, do que uma inteligência desprovida de utopias.

5
As utopias têm futuro?

Esperamos que esta rápida viagem através das utopias românticas tenha servido, ao menos, para ilustrar a idéia de que os projetos utópicos exprimem desejos e sonhos coletivos e crescem numa sociedade e num tempo para os quais se constituem em respostas.

As utopias românticas, gestadas na aurora da sociedade industrial e alimentando-se no torvelinho das revoluções burguesas, surgiram como resposta aos desafios do seu tempo. Diferentemente dos mitos antigos, os quais forjavam a cidade utópica como uma espécie de reino milenar ou paraíso futuro e eram, em muitos casos, inacessíveis ao mais comum dos mortais, as utopias modernas e, em especial, as modalidades românticas aqui analisadas, esforçaram-se por imaginar um mundo ideal mais acessível ou, pelo menos, mais próximo aos homens reais.

O que não quer dizer que as utopias, tanto as antigas quanto as modernas, esgotem-se no seu tempo. Exatamente porque se esforçam em pensar nas impossibilidades e obstáculos do presente, projetam-se para o futuro, lançando-se nos imprevisíveis caminhos da invenção política e social.

Theodor Adorno disse, certa vez, que nos sonhos das utopias estão não apenas o paraíso mas também as catástrofes. O messianismo nacional e a concepção de gênio do povo não escaparam de ser fartamente utilizados, na história posterior ou na mais recente, num sentido puramente instrumental, gerando dominação social ou obscurantismo político em exemplos, tristemente célebres, de tiranias e autoritarismos de toda espécie. Também o paraíso falansteriano de Fourier, se o examinarmos com os olhos de hoje, enxergaremos melhor o quanto de antecipação havia nele — antecipação, vale dizer, tanto daquele sonho do trabalho liberto das injunções da necessidade, quanto do pesadelo daquele reino da produtividade destruindo a natureza.

Esta instrumentalização das utopias românticas articulou-se, não raro, mediante uma utilização perversa e esterilizadora dos fins e valores contidos nos projetos utópicos. Utilização que objetivava, exatamente, esconder tais finalidades e valores, abstraindo-os e despojando-os de toda a sua inquietante riqueza. Daí talvez esta descrença contemporânea nas utopias românticas, este mal-estar do mundo moderno que, preso à realidade dos fatos consumados e incapaz de conceber outras alternativas, revela-nos uma de suas mais salientes facetas: esta ansiedade quase doentia em domesticar e entravar o futuro social. Pois, num mundo que pinta rapidamente suas rugas, como pensar aquela "idolatria" romântica da história senão sob a forma de pesadelo?

Mas esta concepção de tempo e de história das utopias românticas — naquilo que elas almejavam, às vezes com febril impaciência messiânica, a transformação total da sociedade — tem muito a ver, ainda que por vias sinuosas, com alguns dos dilemas de nosso tempo. É possível pensar as alternativas contemporâneas de transformação, sem pensá-las por inteiro e sem o apoio da dimensão global, isto é, sem aquele esquema de *revolução*? Talvez partindo desta inquietação maior, possamos interrogar as utopias românticas, pois elas foram, em toda a sua variedade e multiplicidade de caminhos, profundamente sensibilizadas por uma imperiosa e urgente necessidade de transformações globais da sociedade.

Desenraizamento individual, temporalidade reduzida ao instantâneo e ao efêmero da vida, degradação incontrolável da natureza, incapacidade de perceber novas dimensões e possibilidades — neste mundo pulverizado nos seus mais caros projetos, nesta sociedade dilacerada por contradições e contrastes, seria possível ainda imaginar, à maneira das utopias românticas, alguma perspectiva para transformações globais? Hoje, nossa relação com aqueles traços essenciais das utopias românticas e seus discursos totalizantes — o fluir do tempo e a duração histórica — é marcada pela indiferença cínica, pela complacência passiva, o que nos torna um pouco secos em tudo, em nossa impotência para transcender o cinzento mundo dos fatos. Parece que, hoje, o tempo e a história perderam todo o seu romantismo utópico, foram como que "desdramatizados" e conspiram, no fim das contas, *contra* a identidade cultural dos homens e das sociedades. Neste aspecto, restaria talvez um pálido ponto de atração nas utopias românticas: seu aspecto de uma "ecotopia", ou seja, aquela atitude enfática de imaginar *um mundo natural tal como era,* anterior à penetração da grande indústria. Nostalgia de um mundo irrecuperavelmente perdido que procuramos, pela lembrança sublimadora do ideal utópico romântico, a todo custo recuperar. Em períodos de transição social, quando tudo mergulha no torvelinho das mudanças rápidas, como pensar a existência humana como um todo?

Para além da persistência fugaz ou do completo esgotamento, acreditamos que aquele ímpeto romântico de invenção utópica, pela capacidade única de romper com nossos hábitos de nomear o mundo, driblar nossas certezas e demolir categorias, ainda encontra, e encontrará, o seu lugar na redescoberta de novas possibilidades e novos mundos.

Bibliografia

Antologias e textos da época romântica

BARRENTO, João (Org.). *Literatura alemã: textos e contextos (1700-1900)*. Lisboa: Editorial Presença, 1989. 2 vol.

CARLYLE, Thomas. *Os heróis*. Trad. Antonio Ruas. São Paulo: Melhoramentos, 1963.

CHAMISSO, Adelbert Von. *A história maravilhosa de Peter Schlemihl*. Trad. e notas de Marcus Vinicius Mazzari. São Paulo: Estação Liberdade, 2003.

FOURIER, Charles. *Vers la liberté en amour*. Textos selecionados por Daniel Guérin. Paris: Gallimard, 1975.

_____, *Œuvres complètes*. Paris: Anthropos, 1978. 3 vol.

GOETHE, Johann Wolfgang von. *Memórias: poesia e verdade*. Trad. Leonel Vallandro. 2ª ed. Brasília/São Paulo: Ed. da UNB/Hucitec, 1986.

HEGEL, Georg W. F. *La raison dans l'histoire*. Trad. Kostas Papaioannou. Paris: Union Générale d'Éditions, 1965

HERDER, Johann G. *Une autre philosophie de l'histoire*. Trad. Max Rouché. Paris: Aubier-Montaigne, 1964.

HERZEN, Alexandre. *De l'autre rive*. Trad. de Michel Millaret. Paris: Union Générale d'Éditions, 1979

HÖLDERLIN, Friedrich. *Hiperion ou O eremita na Grécia*. Trad. Erlon José Paschoal. São Paulo: Nova Alexandria, 2003.

LOBO, Luiza, (Org.). *Teorias poéticas do romantismo*. Rio de Janeiro/Porto Alegre: Editora da UFRJ/Porto Alegre: Mercado Aberto, 1987.

HUGO, Victor. *Les misérables*. Paris: Garnier-Flammarion, 1966. [Ed. bras.: *Os miseráveis*. Trad. Frederico O. P. de Barros. São Paulo: Cosac & Naif, 2002.]

MICHELET, Jules. *Le peuple*. Paris, Flammarion, 1974. [Ed. bras.: *O povo*. Trad. Gilson Cesar Cardoso de Souza. São Paulo: Martins Fontes. 1988.]

_____, *Journal*, Ed. Paul Viallaneix. Paris: Gallimard, 1976. 4 vol.

MUSSET, Alfred de. *Œuvres choisies*. Paris: Hatier, 1971. 4 vol.

RENOUVIER, Charles. *Uchronie (L'Utopie dans l'Histoire): esquisse historique apocryphe du développement de la civilisation européenne tel qu'il n'a pas été, tel qu'il aurait pu être.* (1.ed. 1857) Paris: Fayard, 1988.

ROUSSEAU, Jean-Jacques. *Os devaneios de um caminhante solitário.* Trad. e notas de Fulvia Luiza Moretto. São Paulo/Brasília: Hucitec/Ed. da UNB, 1986.

SAND, George (pseudônimo de Amandine Aurore Lucile Dupin). *Lelia*. Paris: Union Générale d'Éditions, 1978.

SOUSA, Alcinda P. de; DUARTE, J. Ferreira (Org.). *Poética romântica inglesa: Wordsworth, Peacock, Shelley.* Lisboa: Materiais Críticos, 1985.

STENDHAL. *Pensées et réflexions*. Org. Henri Martineau. Paris: Plon, 1975.

Bibliografia geral

BLOOM, Harold. *The Ringers in the Tower: Studies in Romantic Tradition.* Chicago: The University of Chicago Press, 1971.

BURKE, Kenneth. *A Grammar of Motives*. Berkeley: University of California Press, 1969.

EAGLETON, Terry. *Literary Theory: An Introduction*. Oxford: Basil Blackwell, 1983.

FURET, François (Org.). *O homem romântico*. Trad. Miguel Serras Pereira. Lisboa: Editorial Presença, 1999.

GLECKNER, R. F.; ENSCOE, G. E. *Romanticism: Points of View*. Detroit: Wayne State Un. Press, 1975.

LÖWY, Michael; SAYRE, Robert. *Revolta e melancolia: o romantismo na contramão da modernidade*. Trad. Guilherme J. Freitas Teixeira, Petrópolis: Vozes, 1995.

LUCKÁCS, Georg. *La novela historica*. Trad. Miguel A. Fernandez. México: Ediciones Era, 1971.

OEHLER, Dolf. *O Velho Mundo desce aos infernos: auto-análise da modernidade após o trauma de junho de 1848 em Paris*. Trad. José Carlos Macedo. São Paulo: Companhia das Letras, 1999.

SALIBA, Elias Thomé. Humor romântico e utopias: reflexões sobre alguns registros cômicos na época do *Manifesto comunista* (1814-1957). In: COGGIOLA, Osvaldo (Org.). *Ontem & hoje: Manifesto comunista*. São Paulo: Xamã/Dep. de História da USP, 1999, p. 145-58.

_____. Michelet: as múltiplas faces de um reinventor da História. In: LOPES, Marcos Antônio (Org.). *Grandes nomes da história intelectual*. São Paulo: Contexto, 2003. p. 367-73.

_____. Robôs, dinos e outros simulacros: o limiar da utopia no cinema e na história. In: *Revista de Cultura Vozes*, vol. 88, n. 1 Petrópolis: jan./fev. de 1994, p. 52-64.

_____. Viagem às utopias românticas. In: *Revista do Brasil*, ano 4, n. 10. Rio de Janeiro: RioArte, 1989, pp. 62-69.

SARTRE, Jean-Paul. *L'idiot de la famille: Gustave Flaubert de 1821 a 1857*. Paris: Gallimard, 1972. 2 vols.

STAROBINSKI, Jean. *1789: os emblemas da razão*. Trad. Maria Lúcia Machado. São Paulo: Companhia das Letras, 1988.

TALMON, J. L. *Political Messianism: The Romantic Phase*. Londres: Secker & Warburg, 1960.

THOMPSON, E. P. *Os românticos: a Inglaterra na era revolucionária*. Trad. Sérgio Moraes Rêgo Reis. Rio de Janeiro: Civilização Brasileira, 2002.

VIALLANEIX, Paul. *Michelet, Les travaux et les jours: 1798-1874*. Paris: Gallimard, 1998.

WILLIAMS, Raymond. *Cultura e sociedade: 1780-1850*. Trad. Anísio Teixeira. São Paulo: Cia. Editora Nacional, 1969.

ESTE LIVRO FOI COMPOSTO EM GATINEAU
CORPO 11 POR 13 E IMPRESSO SOBRE PAPEL OFF-SET
90 g/m² NAS OFICINAS DA BARTIRA GRÁFICA, EM
SÃO BERNARDO DO CAMPO, EM OUTUBRO DE 2003